Alberto Acosta, Ulrich Brand

Radikale Alternativen

Warum man den Kapitalismus nur mit vereinten Kräften überwinden kann

Aus dem Spanischen von Nadine Lipp

Marx sagt, die Revolutionen sind die Lokomotive der Weltgeschichte. Aber vielleicht ist dem gänzlich anders. Vielleicht sind die Revolutionen der Griff des in diesem Zug reisenden Menschengeschlechts nach der Notbremse.

Walter Benjamin[1]

oekom

Wir danken der Rosa-Luxemburg-Stiftung für die Förderung der Übersetzung.

Selbstverpflichtung zum nachhaltigen Publizieren

Nicht nur publizistisch, sondern auch als Unternehmen setzt sich der oekom verlag konsequent für Nachhaltigkeit ein. Bei Ausstattung und Produktion der Publikationen orientieren wir uns an höchsten ökologischen Kriterien. Dieses Buch wurde auf 100 Prozent Recyclingpapier, zertifiziert mit dem FSC®-Siegel und dem Blauen Engel (RAL-UZ 14), gedruckt. Auch für den Karton des Umschlags wurde ein Papier aus 100 Prozent Recyclingmaterial, das FSC®-ausgezeichnet ist, gewählt. Alle durch diese Publikation verursachten CO_2-Emissionen werden durch Investitionen in ein Gold-Standard-Projekt kompensiert. Die Mehrkosten hierfür trägt der Verlag.
Mehr Informationen finden Sie unter: http://www.oekom.de/allgemeine-verlagsinformationen/nachhaltiger-verlag.html

Bibliografische Information der Deutschen Nationalbibliothek:
Die Deutsche Nationalbibliothek verzeichnet diese Publikation in der Deutschen Nationalbibliografie; detaillierte bibliografische Daten sind im Internet über http://dnb.d-nb.de abrufbar.

Lektorat: Laura Kohlrausch, oekom verlag
Korrektorat: Maike Specht
Umschlaggestaltung: www.buero-jorge-schmidt.de
Satz: Michael Peschke

Druck: GGP Media GmbH, Pößneck

ISBN: 978-3-96238-014-4

Vorwort

Transformation im Dialog: Mehr Utopie wagen

Stephan Lessenich

Die beiden in diesem Band verhandelten Konzepte, Post-Extraktivismus und Degrowth, gehen analytisch wie politisch dahin, wo es weh tut: An die Wurzeln einer Kritik des Gegenwartskapitalismus. Der Kapitalismus der Gegenwart basiert auf der Ausbeutung der Natur. Geradezu zwanghaft muss er alles, was in der Erde steckt, aus ihr herausholen. Und er muss dies tun, weil er ohne beständiges Wachstum nicht leben kann. Ohne seine materielle und stoffliche Reproduktion auf immer höherem Niveau ist er nichts. Wer daher von Post-Extraktivismus und Degrowth spricht, der spricht von nichts anderem als vom Ende des Kapitalismus.

Alberto Acosta und Ulrich Brand tun eben dies im Dialog, und das ist gut so. Mehr noch: Ein solcher Dialog ist, will man den Kapitalismus überwinden, unverzichtbar. So oft und unangemessen der Neoliberalismus eine Rhetorik der »Alternativlosigkeit« bemüht, hier ist sie tatsächlich einmal angebracht: Es gibt keine Alternative zu einem analytischen und politischen Dialog zwischen den verschiedenen Begriffen und Konzepten, Akteuren und Strategien, die eine Welt jenseits des Kapitalismus anstreben.

Post-Extraktivismus und Degrowth stellen den Kapitalismus nicht nur als Wirtschaftssystem in Frage. Sie thematisieren ihn vor allen Dingen als ein soziales Herrschaftsverhältnis, dessen Wirkungsmacht es zu brechen gilt. Ein Herrschaftsverhältnis, das einerseits ein globales ist: Die extraktivistischen »Entwicklungsstrategien« der rohstoffreichen Länder dieser Welt sind nicht zu verstehen ohne die Logik des Industrialismus, die seit mehr als zwei Jahrhunderten, von den Ländern des Westens ausgehend, die globale Ökonomie in ihrem Griff hat. Andererseits ist dieses Herrschaftsverhältnis auch ein subjektives: Denn die mit dem industriellen Kapitalismus einhergehende Wachstumslogik hat sich im Laufe der Jahrzehnte und Jahrhunderte den Menschen im globalen Norden und zunehmend auch jenen im globalen Süden eingeschrieben. Unter »Wohlstand« wird hier das permanente Mehr verstanden: mehr Produktion, mehr Konsum, mehr Ressourcenförderung, mehr Energieverbrauch. Ein ewiges Mehr, bei dem – so die fundamentale Paradoxie des Kapitalismus – am Ende doch nicht genug für alle da ist.

Post-Extraktivismus und Degrowth wenden sich gegen diese paradoxe, ja perverse Logik kapitalistischer Verhältnisse. Der Dialog zwischen beiden Konzepten, getragen von zwei Wissenschaftlern und politischen Aktivisten aus Lateinamerika und Europa, steht repräsentativ für jenen Begriff, ohne den eine radikale gesellschaftliche Transformation unmöglich sein wird: jenen der Relationalität.

Unsere wissenschaftliche Analyse muss relational sein, indem sie die Verhältnisse an einem Ort der Welt mit denen an anderen Orten zusammendenkt. Und ebenso relational muss unsere politische Aktion sein, indem sie das Handeln der Akteure an einem Ort der Welt mit dem von Akteuren an anderen Orten zusammenbringt. Anderes Denken und anderes Handeln entstehen nicht aus sich selbst heraus, sondern nur aus dem Austausch und in der Auseinandersetzung mit dem Denken und Handeln anderer.

Alberto Acosta und Ulrich Brand zitieren in ihrem Buch Eduardo Galeano: »La utopía sirve para caminar – Die Utopie dient dem Aufbruch.« Auch Utopien aber sind relational: Sie setzen das, was ist, in Beziehung zu dem, was sein könnte. Utopien weisen den Weg aus dem Labyrinth. Von Post-Extraktivismus und Degrowth zu sprechen bedeutet deshalb auch, mehr Utopie zu wagen.

Vorwort

Die schwierige Aufgabe, Alternativen zum Kapitalismus zu finden

Maristella Svampa

Mit Degrowth und Post-Extraktivismus behandelt dieses Buch zwei zeitgenössische Konzepte, die sozialen Bewegungen und der kritischen Wissenschaft entstammen und gewichtige Gemeinsamkeiten haben. Beide Konzepte kritisieren den Kapitalismus, und das nicht nur in Bezug auf Wirtschaft und Kultur. Sie diagnostizieren aus einer globalen Perspektive heraus die aktuelle Krise des Kapitalismus als »eine sozial-ökologische Krise von zivilisatorischer Tragweite«. Beide Konzepte haben die ökologischen Grenzen des Planeten vor Augen und betonen, dass die Modelle des imperialen Konsums, wie sie weltweit, sowohl im globalen Norden als auch im Süden, vorherrschen, nicht nachhaltig sind. Damit stellen sie Ausgangspunkte dar, um einen Wandel zu reflektieren und zivilisatorische Alternativen zu finden, die auf einem anderen Verständnis der Natur basieren als dem rein wirtschaftlichen, das darauf abzielt, alles Leben zu vermarkten.

Alberto Acosta und Ulrich Brand sind zwei anerkannte kritische Intellektuelle, die uns in diesem Buch die Konzepte Degrowth und Post-Extraktivismus vorstellen, Konzepte, die, trotz ihrer Wahlverwandtschaft, unterschiedliche politische und geografische Ursprünge haben. Die Diskussion um Degrowth entstand in Europa und hat vornehmlich akademische Wurzeln, auch wenn sie gegenwärtig von verschiedenen sozialen Protestorganisationen übernommen und weiterentwickelt wird. Die Diskussion um Post-Extraktivismus dagegen stammt aus Lateinamerika und entstand während der Kämpfe der letzten zwanzig Jahre gegen den zunehmenden Ressourcen-Extraktivismus.

Das vorliegende Buch leistet für die Debatte um den Kapitalismus große Dienste. Zunächst beleuchten die Autoren die verschiedenen Kontexte, in denen die beiden Konzepte entstanden sind, bevor sie zwischen ihnen Brücken schlagen. In Lateinamerika waren es zunächst die großen anti-neoliberalen Mobilisierungen zu Beginn des 21. Jahrhunderts, später die Pathologien des Extraktivismus, die während der progressiven Regierungen sichtbar wurden und die dazu beigetragen haben, dass angesichts der entstandenen Probleme politisch neu gedacht werden musste. Der Progressismus hat jedoch dem sich formierenden emanzipatorischen Denken neue Probleme beschert – insbesondere in Ländern wie Bolivien und Ecuador, in denen die Erwartungshaltung gegenüber einem politischen Wandel damals groß war, da erstmals der Vorschlag eines plurinationalen Staates sowie die Forderung nach Autonomie verhandelt wurde und das indigene Konzept des »Buen Vivir« (»Gutes Leben«) in die Politik integriert werden sollte.

In Europa hingegen gesellt sich durch die multiplen Dimensionen der Krise die zunehmende Infragestellung des Neoliberalismus zu dessen Scheitern dazu. Dies zeigt sich etwa in dem wachsenden Teil der Bevölkerung, dem die Vorteile der kapitalistischen Globalisierung nicht zugutekommen, einer Globalisierung, die immer ausgrenzender und ungerechter wird, und in der Etablierung einer imperialen Lebensweise, die immer stärker den gesellschaftlichen Metabolismus dem Kapital unterwirft (insbesondere durch den Bedarf an Rohstoffen und Energie). Der Begriff »Degrowth« genießt seit 2008 sozusagen ein »zweites Leben«: In Europa taucht der Begriff, der in den Siebzigerjahren entstand, zu einem Zeitpunkt wieder auf, da der Kontinent von einer politischen, wirtschaftlichen und kulturellen Krise gezeichnet ist, und ist nun präsenter denn je.

Das zweite Verdienst des Buches besteht darin, dass die Autoren Degrowth und Post-Extraktivismus undogmatisch verwenden, in einem offenen und sich gegenseitig wahrnehmenden Dialog, der sich nicht scheut, die Schwierigkeiten und die Grenzen aufzuzeigen, die ein transformatives Denken mit sich bringt. Das Buch präsentiert anhand einer Vielzahl von alternativen gesellschaftspolitischen und ökonomischen Ansätzen auf kommunaler Ebene (etwa *transition towns*) innovative Erfahrungen in Europa, die einen realen und konkreten Einsatz für Degrowth demonstrieren. Auch im Blick auf Lateinamerika zeigt sich, dass sowohl die Bemühungen um eine »öko-territoriale Wende« als auch die Bewegung der alternativen Ökonomie, die auf das traditionelle Wissen der Indigenen aufbaut, um das Prinzip des »Guten Lebens« (»Buen Vivir«) kreisen und damit einen Gegenpol zum Extraktivismus bilden, der Lateinamerika bisher noch klar dominiert.

Gleichwohl werden auch Bedenken gegen beide Konzepte geäußert, etwa dass in der Degrowth-Bewegung Herrschaftsverhältnisse zu wenig angefochten werden oder eine anthropozentrische Weltsicht, die die Spaltung von Gesellschaft und Natur nicht hinterfragt, weiterhin geduldet wird. Gleichermaßen wird thematisiert, dass in den aktuellen Vorschlägen für ein »Gutes Leben« (»Buen Vivir«) in Lateinamerika der Degrowth-Gedanke im Sinne einer Entmaterialisierung, einer Entmarktlichung und Dezentralisierung fehlt; darüber hinaus ist es ein provokanter Begriff, der es in Gesellschaften mit hohem Armutsanteil schwer hat, als ein Ausweg aus der Krise gesehen zu werden. Zudem werden in Lateinamerika alternative Lebensweisen im Gegensatz zur europäischen Debatte mehr auf globaler sozialer und kollektiver Ebene gedacht und nur wenig über Konsum oder individuelles Verhalten diskutiert.

So ist das Buch *Radikale Alternativen* weit davon entfernt, eine lineare Kritik an der hegemonialen Moderne zu erheben oder neue Dogmatismen zu propagieren. Es fordert uns auf, unser Unbehagen an den bestehenden Verhältnissen näher zu betrachten und uns den Ambivalenzen und der Komplexität zu stellen, vor die uns die scheinbar unlösbaren Probleme der gegenwärtigen Gesellschaft stellen. Nichts deutet darauf hin, dass es einfach ist, einen Ausweg aus dem Extraktivismus, aus der Wachstums- und Verschwendungsgesellschaft zu finden. Ohne einen tiefen kulturellen Wandel der Denk- und Wahrnehmungsstrukturen, die mit den Produktions- und Konsummustern der imperialen Lebensweise verbunden sind und die sowohl im globalen Norden als auch im globalen Süden dominieren, wird dieser nicht möglich sein. Vor allem in Lateinamerika sind wir von der Entkolonialisierung des Konsumverhaltens – also der Abkehr von den herrschenden westlichen Konsumnormen – weit entfernt, da das Konsumverhalten so eng mit sozialen Strukturen verbunden ist. Darüber hinaus erfordert die Loslösung von Extraktivismus und Wachstumsgesellschaft eine unausweichliche Transformation der Strukturen der imperialen Herrschaft, die momentan durch ihre intensive Ressourcennutzung immer stärker in die Natur eingreift und die ökologischen Schulden, die der globale Norden historisch bei den peripheren Staaten des Südens hat, erhöht.

Das Ziel dieses Buches, das inhaltlich anregend und zugleich reich an Begriffen ist, besteht darin, uns kritische Werkzeuge zur Verfügung zu stellen, aber auch das Nachdenken darüber anzukurbeln, inwieweit die Konzepte Degrowth und Post-Extraktivismus gemeinsam einen Ausgangspunkt für den Ausweg aus dem kapitalistischen Labyrinth bilden können. Degrowth und Post-Extraktivismus sind notwendige Konzepte, aber sie werden nicht ausreichen. Um einen gemeinsamen Dialog zu fördern, zögern die Autoren am Ende des Buches nicht, die Frage zu stellen, ob wir uns von diesen Konzepten nicht lossagen müssen, da sie eine zu geringe Ausstrahlung haben, um uns jenen zuzuwenden, die, um es mit Ernst Bloch zu sagen, »ein Prinzip Hoffnung« darstellen, wie das Konzept des »Guten Lebens« (»Buen Vivir«) oder der globalen Gemeingüter.

In einer Epoche, in der die Utopien in der Krise stecken, in der es laut Fredric Jameson »viel einfacher ist, sich das Ende der Welt vorzustellen als das Ende des Kapitalismus«, ist das Ziel, Möglichkeiten der Veränderung zu denken, ohne blind in Wiederholungen der Vergangenheit oder in neue Dogmatismen zu verfallen und auch nicht in der Entzauberung oder lähmenden Melancholie gewisser Linker stecken zu bleiben. Diese offene und in Beziehung zueinander stehende Wette als Dialog zwischen Nord und Süd ist keine kleine Herausforderung. Um es mit José Carlos Mariátegui – dem größten marxistischen Denker Lateinamerikas – zu sagen, zeigt uns dieses Buch nicht einen Weg, »sondern einen Kompass auf der Reise«, denn was wir zurzeit brauchen, ist, »frei zu denken«, und: »Um in Freiheit zu denken, ist die erste Voraussetzung, das Streben nach absoluter Freiheit aufzugeben. Das Denken braucht einen Kurs und einen Gegenstand. Gut zu denken ist zu einem großen Teil eine Frage der Richtung oder der Umlaufbahn.«[1]

Danksagung

Eine Konferenz über Degrowth im Jahr 2014 in Leipzig, an der die Autoren teilgenommen haben, und die dortigen Diskussionen bilden die Grundlage dieses Buches. Es stützt sich aber selbstverständlich auch auf die vorangegangenen Forschungen beider Autoren. Ulrich Brand bedankt sich bei Kristina Dietz, Miriam Lang und Markus Wissen sowie für die Diskussionen in der Forschungsgruppe des Kollegs Postwachstumsgesellschaften der Universität Jena, gefördert von der Deutschen Forschungsgemeinschaft (DFG). Sein Dank gilt insbesondere Klaus Dörre, Dennis Eversberg, Michael Hofmann, Steffen Liebig, Christine Schickert und Johanna Sittel von der Jenaer Arbeitsgruppe, die eine frühere Version dieses Textes kommentiert haben.

Die Autoren bedanken sich für die wertvolle Diskussion im Rahmen der Arbeitsgruppe für Alternativen zur Entwicklung der Rosa-Luxemburg-Stiftung, in der sich Menschen aus Lateinamerika und Europa seit 2011 engagieren. Der Text hat von den Reflexionen in den oben genannten Gruppen und in vielen anderen Kontexten stark profitiert. Sehr wertvoll waren für die Autoren die präzisen Beiträge der Wirtschaftswissenschaftler Jürgen Schuldt, David Barkin und John Cajas-Guijarro sowie die Anmerkungen des Soziologen José María Tortosa.

Dank gebührt ebenfalls Cordy Thöny, Sandra Ojeda sowie Karin Gabbert und ihrem Team aus dem Anden-Büro der Rosa-Luxemburg-Stiftung für die große Unterstützung bei der Entstehung der spanischen Version dieses Buches und bei anderen Aktivitäten im Zusammenhang mit den Themen, die uns in diesen aufregenden Zeiten bewegen.

Für diese Ausgabe in deutscher Sprache sind wir Nadine Lipp für die gute Übersetzung, Laura Kohlrausch für das vorzügliche Lektorat und dem oekom verlag für die Unterstützung dieses Projekts dankbar.

Wir haben uns für die vorliegende deutschsprachige Version des Buches dafür entschieden, bei den Alternativen vor allem auf Beispiele aus Lateinamerika zu verweisen. Gleichwohl finden sich auch aktuelle progressive Ansätze aus Europa und dazu in den Anmerkungen einiges an weiterführender Literatur.

Kapitel 1

Der Kapitalismus – eine unhaltbare Lebensweise

Der globale Kapitalismus durchlebt gegenwärtig eine multiple Krise.[1] Bereits seit Längerem breitet sich diese Krise über alle Kontinente aus. Sie hat dabei viele Gesichter, die aber miteinander verbunden sind. Nie zuvor haben sich so viele kritische Aspekte gleichzeitig gezeigt, die sich nicht nur auf den Finanz- und Immobiliensektor beziehen. Die Krise manifestiert sich durch eine Art »mutierten Virus«[2] längst auch in anderen Bereichen: in der Politik, Ethik, im Sozialen, in Fragen der Ökologie und Energie, der Lebensmittelproduktion und selbstverständlich der Kultur. Zusätzlich erleben wir auch eine ideologische Krise. Joseph Stiglitz, der 2001 den Nobelpreis für Wirtschaftswissenschaften erhielt, sah sie bereits am Vorabend der Krise von 2008 voraus, als er sagte: »Die meisten individuellen Fehler gehen auf einen einzigen zurück: den Glauben daran, dass die Märkte sich von selbst regeln und dass die Rolle der Regierung eine geringe sein sollte.«[3]

Der Kapitalismus ist nicht fähig, großen Bevölkerungsgruppen ein gutes und attraktives Leben zu garantieren.

In solchen Zeiten der wiederkehrenden Krisen zeigt sich immer mehr, dass der Kapitalismus nicht fähig ist, großen Bevölkerungsgruppen ein gutes und attraktives Leben zu garantieren.[4] In Europa dominieren als Folge der Krise, die im Jahr 2008 begann, die Austeritätspolitiken und setzen sich sogar in Ländern durch, die sich zunächst dagegen gewehrt hatten (wie zum Beispiel Griechenland). In vielen der Länder wächst der Zuspruch für die extreme Rechte und ihre fremdenfeindlichen Diskurse. Dieser Trend hält an, ja er vertieft sich sogar – Donald Trumps Wahlsieg in den Vereinigten Staaten bestätigt diese

These. Angesichts des weltweiten Rechtsrucks wird es immer dringender, radikale Alternativen aufzustellen, deren Durchführbarkeit sich im politischen Kampf herauskristallisieren muss.

Vor einigen Jahren tauchten in mehreren lateinamerikanischen Ländern »progressive« Regime als Alternative zum Neoliberalismus auf (der in einigen Ländern mit konservativen Regierungen dennoch fortbesteht). Doch hat sich diese Alternative, bei allen Unterschieden, mittlerweile in eine Art modifizierten Neoliberalismus verwandelt, indem Elemente eines harten Neoliberalismus vom lateinamerikanischen Progressismus instrumentalisiert werden. Die neoliberale Politik wird durch ebenjenen starken Staat durchgesetzt, den die progressiven Parteien wieder eingeführt haben. Um diesen Zusammenhang zu erkennen, genügt ein Blick darauf, wie aggressiv der Staat in einigen lateinamerikanischen Ländern eingreift, um den Ausbau und die Vertiefung des Extraktivismus in einem Maße voranzutreiben, der von früheren neoliberalen Regierungen nie erreicht wurde.

Zusammengefasst sind all diese Beispiele ein klares Indiz einer tiefen und langen Krise des Kapitalismus als vorherrschende Zivilisationsform. Es finden sich mehrere Hinweise darauf, dass die aktuelle Krise nicht konjunkturbedingt oder klein und deshalb auch nicht mit den bestehenden Institutionen und Konstellationen zu lösen ist. Sie ist eine große Krise, die eine tief gehende Umstrukturierung erfordert. Aber wie wird es nun weitergehen? Befinden wir uns derzeit in einer Phase der Transformation oder, um es mit Antonio Gramsci zu sagen, in einem *Interregnum*, einer Übergangszeit: »Die alte Welt liegt im Sterben, die neue ist noch nicht geboren«?[5] Sind wir mitten in einer neuen Krise der Überproduktion und der finanziellen Blasen, weil die Möglichkeiten fehlen, das Kapital anzulegen und zu verwerten? Ist es eine letzte Krise des Neoliberalismus oder sogar eine existenzielle Krise des Kapitalismus?

Diese Fragen sind Gegenstand zahlreicher kontroverser Debatten. Und da die Krise sehr komplex ist, sind es die möglichen Lösungen auch. Es ist noch nicht klar, inwieweit die Wirtschaftskrise in eine politische Krise umschlägt, die den Staat an sich infrage stellt. Was beobachtet werden kann, ist eine intensive Diskussion über die vorwiegenden Formen der kurzfristigen konjunkturellen Krisenbewältigung wie etwa Sparprogramme sowie über ihre internationale Dimension – die Rolle Chinas und anderer seit Kurzem industrialisierter Länder zum Beispiel.

Wenn wir akzeptieren, dass es sich um eine Zivilisationskrise handelt, ist zu ihrer Überwindung eine wesentliche Transformation unumgänglich. Viele Beiträge zur aktuellen Debatte um Transformation beziehen sich auf Karl Polanyi, der brilliant den Aufstieg des industriellen Kapitalismus analysierte.[6] Doch die aktuellen Beiträge meinen eine notwendige und wünschenswerte Transformation. Polanyi wollte in seiner Studie aber etwas anderes verstehen, was ziemlich aktuell ist: Warum kommt es in der Krise des liberalen Kapitalismus unter anderem zum Aufstieg des Faschismus als »Gegenbewegung« gegen die »Marktgesellschaft«, die ihre eigenen natürlichen und sozialen Grundlagen zerstört?

Uns geht es in diesem Buch um etwas anderes: nämlich um eine progressive, emanzipatorische, sozial-ökologische Transformation, von der wir nicht genau wissen, wie sie funktioniert. Doch das Bewusstsein, dass solch eine Transformation notwendig ist, wächst weltweit. Einerseits besteht die Aufgabe darin, bestehende Transformationsprozesse im Norden und Süden miteinander zu verknüpfen. Andererseits muss definiert werden, wo die Transformationen der gegenwärtigen sozialen und institutionellen Strukturen beginnen sollen – und wer sich dessen annehmen soll oder annehmen muss. Was zu tun ist und wie es zu tun ist, ist der Schlüssel, um herauszufinden, wer sich der Aufgabe annehmen sollte.

In Teilen der Transformationsdebatte geht es in normativ-strategischer Absicht primär darum, einen Weg aus der multiplen Krise zu finden, vor allem aus einer Perspektive der sozial-ökologischen Transformation.[7] Denn vor dem Hintergrund jüngerer Krisenpolitiken zeigt sich immer mehr, dass die gegenwärtigen kapitalistischen Gesellschaften unfähig sind, mit den aktuellen Krisen und vor allem mit der ökologischen Krise angemessen umzugehen.

Das Bewusstsein, dass eine emanzipatorische, sozial-ökologische Transformation notwendig ist, wächst weltweit.

Es ist aber auch so, dass bürgerlich-kapitalistische Gesellschaften sich aufgrund von immanenten Dynamiken wie Konkurrenz und Expansionslogik, Widersprüchen, Konflikten und sozialen Krisen fortwährend selbst transformieren und nach dem Anspruch, immer mehr Kapital anzuhäufen, neu anordnen. Diese an sich problematische Tatsache könnte, richtig genutzt, auch einen Ansatzpunkt darstellen, um progressive Strategien zu fördern. Der Schlüsselfaktor ist, diese Bewegungen zu verstehen und Vorschläge zu entwerfen, die sich auf die momentane Situation beziehen, aber – darauf bestehen wir – ohne die gesamte Struktur aus den Augen zu verlieren.

Eine Gefahr für die so notwendigen Transformationen ist fehlgeleitete »Donquichoterie« (Marx).[8] Analytischer Idealismus und politischer Voluntarismus führen tendenziell in Sackgassen, das hat die Vergangenheit zur Genüge gezeigt. Es muss genau geprüft werden, ob die materiellen Bedingungen für die verschiedenen Alternativen zum Kapitalismus ausreichend vorhanden sind. Darauf zu hoffen reicht nicht aus. Dennoch kann auch Idealismus erfolgreich sein: Wenn die gesellschaftlichen Akteure eine Situation als real definieren, wird sie es in der Konsequenz auch sein (auch wenn sie ursprünglich nicht real war), denn es werden Prozesse ermutigt, die Veränderungen anstoßen.

Wir brauchen Strategien, die notwendige und vor allem realisierbare Transformationen ermöglichen. Denn bei aller Dringlichkeit ist es wichtig, sich klarzumachen, dass sich weder die Gesellschaften noch die Welt von einem Tag auf den anderen verändern werden. Darüber hinaus werden nicht alle radikalen Veränderungen gleichzeitig stattfinden können, und es wird Unterschiede in den Regionen und bei der Schnelligkeit der Umsetzung geben, genau wie in den verschiedenen Bereichen, etwa dem staatlichen und dem wirtschaftlichen Bereich oder spezifischer: bei den Lebensmitteln, beim Wohnraum, der Kommunikation und Mobilität, der Kleidung etc.

Bei aller Dringlichkeit muss man sich klarmachen, dass sich die Welt nicht von einem Tag auf den anderen verändern kann.

So ist die Lösung der unmittelbaren Probleme, die sich aus der multiplen Krise ergeben, dringend und zugleich sehr komplex. Flicken reicht nicht aus; ebenso wenig wie es ausreicht, die Wirtschaft durch größere Nachfrage und zunehmende öffentliche Investitionen anzukurbeln, wie es in anderen (Wirtschafts-)Krisen geschehen ist. Kurzfristige Antworten müssen sicherlich auch eingesetzt werden – aber immer unter Berücksichtigung der strukturellen Herausforderungen und der mittel- und langfristigen Ziele.

Für eine »gute Konjunktur« muss eine solide strukturelle Basis geschaffen werden, um die vielen miteinander verknüpften Herausforderungen zu meistern, die die Menschheit – auf sehr unterschiedliche Weise in sowie zwischen den verschiedenen Klassen und Geschlechtern – und den Planeten selbst bedrohen. Wenn man lediglich versuchen würde, den produktiven Apparat, der ausschließlich den großen Unternehmen riesige Geldsummen zuführt, zurückzugewinnen und das Wirtschaftswachstum, das durch finanzielle Ungleichgewichte Einbußen davontrug, wieder anzuheben, ohne die Produktions- und Verbrauchsmuster oder die bisher verwendeten Technologien zu verändern, würden sich andere, immer dringlichere Probleme verschlimmern, und die Ungerechtigkeit und Ungleichheit würde sich verstärken. Diese dringlichen Probleme betreffen die Umwelt, die Energie, die Ernährung sowie die sozialen Probleme, die daraus entstanden sind. Den verlorenen Pfad wieder aufzunehmen und darauf zu vertrauen, dass alles zur alten Ordnung zurückkehrt, kann nicht die Lösung unserer Probleme sein.

Zusammenfassend lässt sich sagen, dass die Aufmerksamkeit nicht allein auf der Konjunktur liegen kann. Es wird immer wichtiger, sich mit den Strukturen auseinanderzusetzen – und das erfordert eine umfassende Vision und Zeit, in der sie reifen kann. Diese Aufgabe kann nicht nur eine Aufgabe einzelner Regierender sein oder nur weniger Erleuchteter. Weltweit müssen heterogene Räume geschaffen werden, in denen diese Probleme ausführlich diskutiert werden und in denen Alternativen gefördert und Vereinbarungen gefunden werden, um sie zu verbreiten und gleichzeitig neue zu fördern. Wir müssen die Basis des Systems tief greifend verändern und letztlich überwinden. Man könnte diese Bewegung anstoßen, indem man sich die derzeitigen Konjunkturschwierigkeiten zunutze macht und auch die relative Schwäche der Weltzentren der Macht – vor allem die mit dem Finanzmarkt-Kapitalismus einhergehenden Unsicherheiten, die den Kern der gegenwärtigen Krise synthetisieren.

Der Wandel wird nicht stattfinden, wenn wir darauf warten, dass die Industrieländer handeln, die im Wettbewerb mit den Schwellenländern (vor allem den BRICS-Staaten: Brasilien, Russland, Indien, China, Südafrika) stehen und sich dabei auf weltweit agierende wirtschaftliche und politische Organisationen wie die Weltbank, den Internationalen Währungsfonds und die Welthandelsorganisation stützen. Um ein Nachdenken voranzutreiben und zu aktivieren, muss man sich mit den Thesen jener beschäftigen, die hoffen, dass die Dinge bald zur »Normalität« zurückkehren.

Der Wandel wird nicht stattfinden, wenn wir nur darauf warten, dass die Industrieländer handeln.

»Der Wolf kommt« – wie in der Fabel mit dem Hirtenjungen und dem Wolf wurde schon oft das Ende des Kapitalismus angekündigt, und bisher ist es nie eingetreten. Und dieses Mal? Es kann sein, dass es auch dieses Mal nicht so weit kommt – dass es Kräfte gibt, die versuchen, das System wiederherzustellen, auch wenn es dadurch immer autoritärer und faschistischer wird. Denn die herrschenden Klassen tendieren in Krisen dazu, auf materielle Zugeständnisse und demokratische Einhegung ihrer Macht zu verzichten. Gemeinsam mit Parteien und anderen politischen Kräften tendieren sie zu autoritären Lösungen und bieten diese den unteren Klassen über rassistische und ausgrenzende Diskurse an. In Zeiten der Krise werden die unteren (Mittel-)Schichten unzufriedener, haben Abstiegsängste und folgen teilweise diesen autoritären Angeboten. Mehr noch: Jene Mittelschichten, die in Boomphasen aufgestiegen sind, grenzen sich nun nach »unten« oder nach »außen« ab und verteidigen ihre Position. Diese Entwicklung kann zurzeit in großen Teilen Europas und Lateinamerikas beobachtet werden.

Wenn der Kapitalismus entgegen aller Vernunft weiter an der Macht gehalten wird, befindet sich das System irgendwann auf einem Weg ohne Rückkehr – was keineswegs heißt, dass das, was kommt, zukunftsgewandt ist. Ganz im Gegenteil, das Kommende würde dann eine andere, neue Form der Barbarei darstellen. Um so einen humanitären Rückschritt zu verhindern, sind tief greifende Lösungen erforderlich, damit große politische, soziale und ökologische Zusammenbrüche vermieden werden können, die in den verwundbareren Gebieten der Erde bereits zu spüren sind. Die immer hektischere Suche des Kapitals nach Verwertungsmöglichkeiten führt zu großen Investitionen in Regionen mit großen Bodenschätzen – und dort zu ökologischer und sozialer Zerstörung. Selbst wenn wir annehmen sollten, dass das Schlimmste der gegenwärtigen Finanzkrise in kurzer Zeit überwunden wäre (was nicht der Fall sein wird), müssen wir uns also eine andere Welt vorstellen, denn nur wer »sich andere Welten vorstellt, [verändert] am Ende auch diese«.[9]

Insbesondere seit Beginn der Wirtschafts- und Finanzkrise vor zehn Jahren hat sich in Europa die Diskussion um Alternativen zum neoliberalen Kapitalismus intensiviert. In Lateinamerika schien diese Diskussion, zumindest in den Ländern mit progressiven Regierungen, nach der neoliberalen Krise der 1990er-Jahre überwunden zu sein; zurzeit verstärkt sie sich aber wieder angesichts der »Ermüdung« des progressiven Zyklus und der erneuten konservativen Welle, die teilweise von den progressiven Regierungen selbst angetrieben wurde. Krisen, das muss festgehalten werden, treten nicht überall gleichzeitig ein, sondern breiten sich mit verschiedenen Geschwindigkeiten aus. Stärker als früher nehmen sie heutzutage ihren Ausgang in den Metropolen des Kapitalismus und breiten sich von dort in die Peripherien aus.

Diese Situation allein ist Grund genug, nach grundlegenden Alternativen zu suchen, die nicht nur die neoliberale Phase des Kapitalismus hinterfragen, sondern auch den Kapitalismus insgesamt kritisieren.

Innerhalb der vielfältigen emanzipatorischen Transformationsdebatten der letzten zehn Jahre haben sich zwei Diskussionsstränge als besonders vielversprechend herauskristallisiert:

- die Diskussion um Degrowth (englisch: *degrowth*, französisch: *décroissance*, italienisch: *decrecita*) – auch Post-

wachstum genannt –, die in verschiedenen Industrieländern, aber vor allem in Europa geführt wird
- und die Debatte um den Post-Extraktivismus, die in Lateinamerika und in anderen Regionen der unpassenderweise so genannten »unterentwickelten Welt« geführt wird. Der Begriff entstammt den Debatten über die Postentwicklung und ist eng verbunden mit jenen um »Buen Vivir« (»Gutes Leben«).

Beide Ansätze sind auch insofern interessant, als sie an unsere momentane Gesellschaft, die dort gemachten positiven wie negativen Erfahrungen der Menschen, anschließen. Denn jede emanzipatorische Transformation muss, will sie erfolgreich sein, von bestehenden Situationen und Erfahrungen ausgehen, um diese Schritt für Schritt zu transformieren, ohne dabei die andere Welt, die entstehen soll, aus den Augen zu verlieren. Insofern erscheint es angemessen, Degrowth ganz ausdrücklich auch als *Post*wachstum zu verstehen, weil sich politische Vorschläge für Veränderungen mit den für viele Menschen ja durchaus positiven Erfahrungen des Nachkriegskapitalismus (Fordismus) auseinandersetzen müssen. Zu den positiven Erfahrungen zählen Massenproduktion und -verbrauch, hohe Beschäftigung über Erwerbsarbeit, wachsende Einkommen und für viele gesicherte Arbeitsverhältnisse, Konsum, Planbarkeit, Anstieg des Wohlstands und ein mehr oder weniger funktionierender Sozialstaat. Diese Erfahrungen haben die kollektive Vorstellungswelt für eine solide Basis des Status quo geprägt, und sie hat eine starke kulturelle Reichweite. Deshalb muss die Suche nach Alternativen sich aktiv mit den vom Fordismus geschaffenen Strukturen auseinandersetzen, ihnen die Stirn bieten und eine andere attraktive Produktions- und Lebensweise schaffen.

Der Begriff des *Post*-Extraktivismus (und eben nicht Antiextraktivismus) verweist seinerseits darauf, dass es aktuell in

Lateinamerika – in einer höchst ambivalenten Konstellation – durchaus positive Erfahrungen im Kampf gegen Hunger und Armut in allen Ländern der Region gibt, unabhängig davon, ob sie eine neoliberale oder progressive Regierung haben. In Ländern mit einer progressiven Regierung gelang dies zwar auch durch eine Zurückdrängung des Neoliberalismus und eine Stärkung des Staates. Aber bei beiden Regierungsformen erklären sich die Verteilungsspielräume im sozialen Bereich weitgehend durch die hohe Nachfrage und Preise nach Rohstoffen, die durch den Export große Einnahmen erwirtschafteten; ein Phänomen, das nach Maristella Svampa[10] auch als »Rohstoffkonsens« bekannt ist. Wenn der Fordismus dazu beigetragen hat, die kulturellen Grundlagen dessen zu vermitteln, was als eine imperiale Lebensweise definiert werden könnte, dann hat sich der Extraktivismus mit seinen jahrhundertealten Wurzeln in Lateinamerika so eingenistet, dass man, bildlich gesprochen, sagen könnte, in seinen Gesellschaften existiere, beginnend mit den Eliten, eine Art extraktivistisches Erbgut.

Allerdings erscheinen die gesellschaftlichen Fortschritte während des Rohstoffbooms, da sie die Strukturen des Neo-Extraktivismus kolonialen Ursprungs und den Kapitalismus an sich nicht infrage stellen, unzureichend und sind nicht nachhaltig.[11] Was in Ländern mit progressiven Regierungen geschah, wie in Venezuela, Ecuador, Argentinien, Brasilien und Bolivien, bestätigt diese These. In diesen Ländern haben die progressiven Regime den Extraktivismus nicht nur bestätigt, sondern vertieft.[12] Und als hätte dies nicht gereicht, kehrte man sogar wieder zum (offenen oder versteckten) Neoliberalismus zurück, indem – wie bereits weiter oben erwähnt – die wiedergewonnene Stärke des Staates ausgenutzt wurde.[13]

Bisher werden Degrowth und Post-Extraktivismus sowie die damit verbundenen Erfahrungen und Strategien kaum aufeinander bezogen. Das ist erstaunlich, da die beiden Diskurse eng miteinander verwoben sind, denn das, was sie problematisieren – die imperiale Produktions- und Lebensweise im globalen Norden und zunehmend im globalen Süden sowie den Extraktivismus, der vor Hunderten von Jahren im globalen Süden einsetzte und von der Nachfrage im Norden abhängt –, entstammen derselben Logik. Nicht mehr nur die dominante Elite im Süden, sondern ein wachsender Teil der Mittelschichten strebt nach und lebt die imperiale Lebensweise, was in einer verarmten Welt zu sehr schwierigen und komplexen gesellschaftlichen sozialstrukturellen Implikationen führt. Das Festhalten an dieser Produktions- und Lebensweise ist daher ein zentrales Hindernis für beide Alternativen.

Bisher werden Degrowth und Post-Extraktivismus kaum aufeinander bezogen.

Mit diesem Buch möchten wir die Möglichkeiten eines gemeinsamen Dialogs aufzeigen, mit dem Ziel, die aktuelle Welt besser zu verstehen und Alternativen vorzuschlagen, die gemeinsame Elemente haben können. Ein solcher gemeinsamer Dialog hängt davon ab, wie die Fragen angegangen werden und wie die Brücken gebaut werden – damit echte gesellschaftliche Veränderungen erforscht, analysiert und diskutiert und damit internationale politische, sozioökonomische und kulturelle Zusammenhänge und Umstände verändert werden können.

Zunächst wollen wir dazu die unterschiedlichen zeitgeschichtlichen Kontexte der Regionen, aus denen die Vorschläge Post-Extraktivismus und Degrowth kommen, skizzieren. Anschließend werden die zentralen Elemente der Konzepte erkundet: Wie sind sie entstanden, welche Strukturen wollen sie ändern, welches Gesellschaftsbild haben sie vor Augen? Im Weiteren wollen wir zwischen den beiden Ansätzen »Resonanz schaffen«:[14] einen freundschaftlichen Dialog erzeugen und später die gegenseitigen Impulse definieren und stärken. Dadurch sollen die jeweiligen Stärken und Schwächen beleuchtet und Weiterentwicklungen der Konzepte angeregt werden.

Mit diesem Ansatz wollen wir die Diskussion um Alternativen zu den dominierenden wirtschaftlichen und politischen Paradigmen, insbesondere den neoliberalen und neoextraktivistischen, anfeuern.

Kapitel 2
Warum brauchen wir radikale Alternativen?

Degrowth und Post-Extraktivismus sind zwei Ansätze zur Transformation der Gesellschaft und ihrer Beziehung zur Umwelt. Sie wollen bestehende Kritiken, Widerstände und Alternativen sichtbar machen, in einen umfassenderen Kontext stellen, verdichten (nicht vereinheitlichen) und gegebenenfalls Orientierung für die Reflexion und Ausweitung bestehender Widerstände und Alternativen geben oder gar zur Entstehung neuer beitragen. Sie sind Teil der Gegen-Hegemonie oder können dazu werden.

Als Transformationsanstöße sollten sie einen Begriff jener gesellschaftlichen Verhältnisse haben, die sie verändern wollen. Dieses Wissen ist zwar keine absolute Voraussetzung – viele konkrete Widerstände und Alternativen in der Geschichte hatten keinen Begriff der Kontexte, auf die sie sich kritisch bezogen, und entfalteten dennoch Wirkung –, doch ein umfassenderes Verständnis ist insbesondere dann äußerst hilfreich, wenn die Akteure auf Blockaden und Handlungshindernisse stoßen.

In einem kleinen Büchlein wie diesem ist es schwierig, Entwicklungen detailliert nachzuzeichnen. Daher können wir hier nur grobe Skizzen geben, die die Diskussion erleichtern sollen. Diese Skizzen sind insofern vorläufig, als unklar ist, inwieweit sich in Lateinamerika die aktuellen »neo-extraktivistischen« Konstellationen verstetigen. Im Falle Europas wiederum ist nicht klar, ob die bisherigen Antworten auf die unterschiedlichen Krisen (wie die Austeritätspolitik) bestehen bleiben oder ob es zu mehr oder weniger stabilen alternativen Antworten kommt, die zu neuen Paradigmen der Interpretation und zu neuen politischen Szenarien führen können. Das aktuelle europäische Klima ist geprägt von politischer und wirtschaftlicher Unsicherheit, Angst vor Terror und von Regierungen deklarierten Ausnahmezuständen, rigiden Politiken gegenüber Geflüchteten und anderem.[1] Insbesondere der Regierungswechsel in Griechenland Ende Januar 2015 und das Referendum im Juli desselben Jahres haben die Diskussion um die Ausrichtung europäischer Krisenpolitik enorm dynamisiert. Verstärkt wurde sie ab Juni 2016 mit der Zustimmung zum Brexit in Großbritannien.

Zudem: »Die Bestimmung einer neuen Gesellschaftsformation hängt nicht so sehr von der ›objektiven‹ Entwicklung der realen Verhältnisse ab, sondern von den unterschiedlichen theoretischen Ansätzen und ihren primären Kriterien und Instrumenten der Analyse«,[2] und der Schlüssel zu jeder Veränderung liegt in der sozialen Mobilisierung. Zweifellos sind all diese Themen für die Diagnose der Gegenwart sehr interessant, aber sie führen über die Möglichkeiten dieses Buches hinaus.

Der Schlüssel zu jeder Veränderung liegt in der sozialen Mobilisierung.

Wir stellen im Folgenden zunächst – für eine deutschsprachige LeserInnenschaft etwas ausführlicher – die historischen und jüngeren Entwicklungen in Lateinamerika dar, die wir als Geschichte des (Neo-)Extraktivismus fassen. Dieser ist einerseits durch die fallenden Rohstoffpreise seit etwa 2014 in einer Krise, doch gibt es andererseits Versuche einer kapital- und technologiegetriebenen Reaktivierung. Für Europa stellen wir lediglich jüngere Dynamiken dar, nämlich die Krise der neoliberalen Europäisierung und ihrer Bearbeitung durch immer weitere Austeritätspolitik. Dabei weisen wir auf ein Element hin, das unseres Erachtens trotz der aktuellen Krise für eine gewisse Stabilität sorgt: die imperiale Lebensweise. Anschließend gehen wir exemplarisch auf zwei sehr unterschiedliche

Bereiche ein, in denen die Krise von Umwelt und Lebensweise sowie die Krise der internationalen Politik besonders deutlich wird: Die wachsenden Müllberge stehen wie kaum etwas anderes als Ausdruck des problematischen Zivilisationsmodells. Und das Paris-Abkommen zur internationalen Klimapolitik von 2015 zeigt die Grenzen gut gemeinter Ansätze auf.

Der Neo-Extraktivismus in Lateinamerika

Die wirtschaftliche Krisenkonstellation in Lateinamerika hat sich in den letzten Jahren gravierend verändert – ein so noch nicht gekannter Wohlstand ist entstanden. Maristella Svampa hat diese Situation als »Rohstoff-Konsens« bezeichnet.[3] Die sozioökonomische Krise, die in den Ländern dieser Region zur Jahrhundertwende bestand, wurde dank des Anstiegs der internationalen Rohstoffpreise und -nachfrage von wirtschaftlichem Wachstum abgelöst, vor allem seit dem weltwirtschaftlichen Erstarken Chinas.[4] So wurde in diesen Jahren (bis 2014) in Lateinamerika nicht mehr von einer Krise gesprochen, im Gegensatz zu Europa, wo seit einiger Zeit ein verbreitetes Krisenbewusstsein und ein generalisierter Krisendiskurs vorherrschten.[5]

Die Gründe liegen auf der Hand: Im letzten Jahrzehnt – bis 2014 – gab es dramatische Veränderungen auf den Weltmärkten. In vielen lateinamerikanischen Ländern haben die verstärkte Nachfrage nach natürlichen Ressourcen und der daraus resultierende Preisanstieg der fossilen, mineralischen und landwirtschaftlichen Rohstoffe (in manchen Bereichen verbunden mit realer oder erwarteter Verknappung) zu einem starken Anstieg der Exporteinnahmen sowie zu ausländischen Investitionen und entsprechenden politischen Handlungsspielräumen geführt.

Diese höheren Einnahmen kamen Regierungen sowie staatlichen und privaten Unternehmen in der gesamten Region zugute. In einigen Ländern, in denen als Konsequenz anti-neoliberaler Kämpfe linke Regierungen gewählt wurden, wurden die erweiterten Spielräume zur Verbesserung der Einkommen breiter Bevölkerungsteile und zur Verringerung der Armut genutzt; eine Entwicklung, die auch bei konservativen Regierungen festgestellt werden konnte. Die Legitimität aller lateinamerikanischen Regierungen, insbesondere aber der »progressiven«, war eng mit der Schaffung von Arbeitsplätzen und Umverteilungspolitik verbunden, was den Konsum der Bevölkerung ankurbelte. Die enormen Finanzerträge durch Exporte und niedrige Kredite haben zu einer anhaltenden wirtschaftlichen, gesellschaftlichen und politischen Stabilität beigetragen, die durch eine Abkehr von der neoliberalen Politik der »Strukturanpassung« der 1980er- und 1990er-Jahre ermöglicht wurde.

Aufgrund dieser Zunahme der Exporterlöse gab es wegen des Preisanstiegs für Primärprodukte enorme Anreize, denExtraktivismus in Lateinamerika zu vertiefen. Hohe Primärgüterpreise führten zu massiven Investitionen, vor allem durch transnationale Unternehmen und insbesondere in den Bereichen Bergbau und fossile Energieträger wie Öl und Gas.

Aufgrund der Zunahme der Exporterlöse gab es enorme Anreize, den Extraktivismus zu vertiefen.

Strukturell waren die Handlungsspielräume der progressiven Regierungen sicherlich eingeschränkt. Der Ausgangspunkt ihrer Politik waren stets die Abhängigkeit von den Exporten auf dem kapitalistischen Weltmarkt, die begrenzte Industrialisierung und die Probleme der Landwirtschaft, die Bevölkerung zu ernähren. Historisch vorherrschend war eine Form der Primärexport-Akkumulation kolonialer Herkunft, in der es wenig Interesse gab, die inländischen Forderungen zu befriedigen, weder die Forderung nach Konsum noch jene nach inländischen Investitionen. Zumindest bei der Ankurbelung des Konsums ist einiges geschehen. Doch viele Sachkundige sind sich einig, dass der Handlungsspielraum für eine unabhängige und autonome, progressive Wirtschafts- und Sozialpolitik, die sich daran orientiert, grundsätzlicher dem Extraktivismus entgegenzutreten, größer war (und ist) als zumeist angenommen und besser hätte genutzt werden können. Insgesamt hat in den Jahren des Wohlstands bis 2014 durch den verschärften Extraktivismus die Außenabhängigkeit zugenommen, ebenso wie die Orientierung nach China. Aber eines nach dem anderen.

Um die besonderen Gegebenheiten in Lateinamerika zu erläutern, versuchen wir uns als Erstes in einer verständlichen Definition von Ressourcen-Extraktivismus: Sowohl im Allgemeinen als auch im Laufe der Geschichte bezieht sich »Extraktivismus« auf Aktivitäten, die große Mengen an natürlichen Ressourcen fördern und die im großen Stil Agrarindustrie betreiben, insbesondere um der Nachfrage der Länder des Zentrums zu genügen, die nur wenig (oder begrenzt) über eigene Rohstoffe verfügen. Normalerweise braucht es dafür große Investitionen, und die Folge sind erhebliche makroökonomische Effekte sowie ernsthafte soziale, ökologische und kulturelle Auswirkungen in den betroffenen Gebieten.[6] Extraktivismus beschränkt sich nicht auf Mineralien oder Öl; es gibt auch Agrar-, Forst-, Fischerei- und sogar touristischen Extraktivismus.[7] Daher sollte man mit Eduardo Gudynas, der diese Definition vorschlägt, besser im Plural von Extraktivismen sprechen.[8]

Das Konzept des Extraktivismus kann gemeinsam mit Konzepten wie ursprüngliche Akkumulation (Karl Marx) die Plünderung, Akkumulation, Konzentration, die koloniale und neokoloniale Verwüstung sowie den Ursprung des modernen Kapitalismus erklären. Auf der anderen Seite hilft das Hinzuzählen des Extraktivismus zu Konzepten wie Landnahme (im Sinne von Rosa Luxemburg, jüngst Klaus Dörre),[9] Akkumulation durch Enteignung (David Harvey) oder Extrahierung (Eduardo Gudynas), die gegenwärtige Evolution des modernen Kapitalismus und sogar Wachstum und Unterentwicklung zu verstehen, die beiden Gesichter des Expansionsprozesses des globalen Kapitalismus.

Obwohl der Extraktivismus vor mehr als 500 Jahren begann, hat er es nicht geschafft, durch eine eigenständige Wirtschafts- und Gesellschaftsentwicklung der europäischen Vorherrschaft in Lateinamerika ein Ende zu setzen. Diese Prozesse bestehen in der ganzen Region immer noch fort, in Ländern mit neoliberalen wie progressiven Regierungen;[10] es reicht schon zu beobachten, wie durch Letztere die Extraktivismen derzeit rasch expandieren.

Der Extraktivismus hat es nicht geschafft, der europäischen Vorherrschaft in Lateinamerika ein Ende zu setzen.

Mit der Eroberung und Kolonialisierung Amerikas, Afrikas und Asiens begann die Weltwirtschaft Formen anzunehmen: Das kapitalistische System konsolidierte sich, eines seiner Grundpfeiler, die Primärgüterexport-Akkumulation, entstand und wurde seitdem durch die Forderungen der aufkommenden kapitalistischen Zentren bestimmt. Einige Regionen spezialisierten sich – basierend auf statischen komparativen Vorteilen – hauptsächlich auf die Gewinnung und Herstellung von Rohstoffen, während andere – auf der Grundlage der dynamischen Vergleichskosten und der zunehmenden Skaleneffekte – dazu übergingen, Produkte herzustellen. Sie akkumulierten dadurch Kapital, Macht sowie wissenschaftliches und technologisches Wissen, auch unter Verwendung der natürlichen Ressourcen der verarmenden Länder. Zusammenfassend kann man sagen, dass die Industrieländer zum größten Teil Nettoimporteure von Natur sind und die weniger industrialisierten Länder Nettoexporteure von Natur. Das haben verschiedene Texte, die den »sozialen Metabolismus« reflektieren, gezeigt.[11] Als Saldo gelten in Lateinamerika unverrückbar die Primärgüterexport-Akkumulation und der Extraktivismus als die hauptsächliche Manifestation dieser Form der Akkumulation.

Trotz des gegenwärtigen emanzipatorischen Diskurses der progressiven Regierungen Lateinamerikas bleibt die Region von strategischer Bedeutung für den globalen Kapitalismus, indem sie die historische Rolle, die vor Jahrhunderten durch die asymmetrische internationale Arbeitsteilung festgelegt wurde, immer noch ausführt – eine Rolle, die zur »Entwicklung der Unterentwicklung« geführt hat, um den berühmten Slogan der sogenannten Dependenztheorie zu verwenden.[12] Es genügt, sich anzusehen, wie sich der Stellenwert der Region als Lieferantin von Primärgütern für die Länder des Zentrums und für Schwellenländer wie China und Indien erhöht hat. Das hat sich auch auf die Infrastruktur ausgewirkt, in die viel investiert wurde, insbesondere um Kosten und Zeit bei der Gewinnung und beim Transport der Rohstoffe zu reduzieren und dadurch den Kapitalfluss zu beschleunigen. Ein Beispiel sind die großen Wasserkraftwerke: Ihre Energie ist zum größten Teil dafür bestimmt, die Nachfrage nach extraktiven Aktivitäten zu erfüllen, vor allem im Bereich des Bergbaus und der Ölgewinnung. Das geschah auch mittels der neoliberalen Initiative für die Integration der regionalen Infrastruktur in Südamerika (IIRSA), einer Initiative, die versucht, Lateinamerika auf historisch-koloniale Weise in den Weltmarkt einzubinden, und die auch von progressiven Regierungen unterstützt wird.[13]

Die Pathologien des Extraktivismus

Um eine post-extraktivistische Vision zu entwerfen, müssen zunächst die zu lösenden Probleme und die zur Verfügung stehenden Mittel identifiziert werden. Die Pathologien der Volkswirtschaften, in denen Regierungen und herrschende Eliten auf den Extraktivismus setzen, sind uns hinlänglich bekannt.[14] Als kritische Punkte werden im Folgenden verschiedene Aspekte aufgezählt, dabei beziehen wir uns vor allem auf die Reflexionen von Jürgen Schuldt.[15] Diese Pathologien sind durch das beschriebene Akkumulationsmuster entstanden und haben folgenschwere Konsequenzen:[16]

- Es ist normal, dass Volkswirtschaften verschiedene Krankheiten durchmachen, insbesondere die »holländische Krankheit«: Der abrupte und massive Anstieg von Deviseneinnahmen[17] führt zu einer Überbewertung des Wechselkurses, was die Wettbewerbsfähigkeit beeinträchtigt und dem Produktions- und Exportsektor schadet. Da der reale Wechselkurs überbewertet ist, wandern die Produktionsfaktoren von den landwirtschaftlichen und industriellen Sektoren zu den nicht handelbaren Segmenten (Bau, Importhandel, Dienstleistungen) und dorthin, wo der Primärgüterexport boomt. Dies verzerrt die Wirtschaft durch Abbau von Investmentfonds, die genau zu den Sektoren gehen könnten, die den größten hinzukommenden Mehrwert schaffen (mehr Beschäftigung, eine bessere Einbettung des technologischen Fortschritts und der produktiven Verkettung), wie etwa die Kleidungsindustrie. Selbst eine Anpassung nach dem Boom, die in der Krise notwendig ist, wird als Teil der genannten Krankheit angesehen.
- Die Konzentration auf Primärexporte hat sich aufgrund der tendenziellen Verschlechterung der Handelsbedingungen auf lange Sicht schon mehrmals als problematisch herausgestellt.[18] Primärgüter haben eine geringe Einkommenselastizität, sind durch synthetische Stoffe ersetzbar, haben einen geringen technologischen Beitrag und sehr wenig innovatives Wachstumspotenzial; sogar in den Industrieprodukten sinkt der Primärgüteranteil. Das alles führt dazu, dass die

Primärgüterpreise grundsätzlich durch die Wettbewerbslogik des Marktes bestimmt werden – sie sind *commodities.* Das verhindert, dass Länder, die sich auf den Export von sehr homogenen Gütern spezialisiert haben – also auf Primärgüter –, in gebührendem Maß an den Wachstumsraten und dem weltweiten technischen Fortschritt beteiligt sind.

Die Primärgüterpreise werden durch die Wettbewerbslogik des Marktes bestimmt.

- Die hohe Profitrate durch ricardianische oder differentielle Erträge (die sich stärker aus dem Reichtum der Natur ableiten als von menschlicher Anstrengung), die die Primärgüter enthalten, motiviert zur Überproduktion, auch wenn die Rohstoffpreise fallen. Darüber hinaus schaffen solche Erträge Überschüsse, die die Zuweisung von Ressourcen im Land verzerren – besonders wenn die entsprechenden Lizenzgebühren oder Steuern nicht erhoben werden. Daher wäre die Verstaatlichung natürlicher Ressourcen wie Erdöl äußerst wichtig, um die Umverteilung der außerordentlichen Gewinne und Erträge der Unternehmen besser zu handhaben.
- Die Volatilität der Rohstoffpreise auf dem Weltmarkt hat dazu beigetragen, dass die primärgüterexportierenden Volkswirtschaften wiederkehrende Probleme in ihrer Zahlungsbilanz und ihren Haushaltskonten haben. Dies hat zu einer großen finanziellen Außenabhängigkeit geführt und nationale wirtschaftliche und gesellschaftspolitische Aktivitäten unberechenbaren Schwankungen ausgesetzt. Die Situation verschlimmert sich durch sinkende Preise auf den internationalen Märkten, die die Zahlungsbilanzkrise und die Finanzkrise festigen. Verschärft wird sie oft durch massive Kapitalflucht – sowohl das Kapital, das gestrandet war, um von den Wohlstandsjahren zu profitieren, als auch das lokale Kapital, das ebenfalls flüchtig ist. So nehmen der

äußere Zwang und der Druck zu, auf die Verschuldung zurückzugreifen, die es bereits seit der Wohlstandsära gibt.[19] Interessanterweise konnte diese Kapitalflucht aus unterentwickelten Ländern in der Krise in den vergangenen Jahren nicht beobachtet werden, da die Zentren des traditionellen Metropolitankapitalismus auch sehr kritische Situationen durchliefen. Die Banken, die von der Krise erschüttert wurden, sind nicht mehr so zuverlässig wie früher, trotz der riesigen Rettungspakete im Zuge der Krise von 2008. Nicht alle Kapitalströme fliehen in die Metropolzentren, da es auch andere Möglichkeiten der Zuflucht gibt: Der Fall der Panama Papers ist dabei paradigmatisch. Solche Optionen funktionieren, da sie zweifellos mit der Akkumulationslogik des transnationalen Kapitalismus eng verbunden sind.

- Der Anstieg der Primärexporte zieht auch das internationale Bankwesen an, das in einer Wohlstandsära Darlehen mit vollen Händen verteilt, als ob der wachsende Wohlstand sich um einen nachhaltigen Prozess handeln würde; eine Finanzierung, die übrigens von Regierenden und Geschäftsleuten, die an permanente Wunder glauben, mit offenen Armen empfangen wird. In den letzten Jahren ist China zum wichtigsten Kreditgeber der Region geworden. So wird die Überproduktion von Primärgütern (wie etwa durch Erdölanlagen) angetrieben, was die sektorbezogenen Verzerrungen erhöht. Aber am Ende, so zeigt es die historische Erfahrung, wird die Zukunft der Wirtschaft verpfändet, wenn der unvermeidliche Zeitpunkt kommt, zu dem die überdimensionierten Auslandsschulden zurückzuzahlen sind, die sich während der Export-Euphorie angehäuft haben – und dann steht man vor Zahlungsforderungen in riesigen Mengen und unter sehr belastenden Bedingungen, vor allem während der Krise. Durch fallende Exportpreise und steigende Zinsraten in den Metropolwirtschaften verschärft sich die Situation noch mehr.[20]

- Die Abhängigkeit von den ausländischen Märkten – obwohl paradox – hat sich in Zeiten der Krise verstärkt. Es herrscht eine Art generalisierte geistige Blockade vor, beginnend bei den Regierenden dieser Länder. Alle oder fast alle Volkswirtschaften, die an den Export von Primärgütern gebunden sind, tappen in diese Falle: die Rohstoffförderung erhöhen, wenn die Preise nachgeben. Sie versuchen, die Exporterlöse aus den Primärgütern dadurch konstant zu halten. Davon profitieren die Länder des Zentrums, denn ein größeres Angebot an Rohstoffen – Öl, Mineralien oder Lebensmitteln – schafft in Zeiten niedriger Preise ein Überangebot, das die Preise weiter schwächt. So entstehen das »Verelendungswachstum«[21] und die Überausbeutung der Primärgüter.
- Die Fülle der externen Ressourcen, angetrieben durch Öl- oder Mineralexporte (wie in den letzten Jahren), schafft einen Konsumboom, der vor allem von Importen abgedeckt wird. So werden Ressourcen vergeudet, und es kommt sogar dazu, dass inländische Produkte durch externe Produkte ersetzt werden. Diese Situation wird durch die Überbewertung des Wechselkurses geschürt, die durch den massiven Zustrom von Devisen verursacht wird. Ohne die richtigen Maßnahmen schaffen erhöhte Investitionen und öffentliche Ausgaben den Anreiz für Importeinfuhr und gegen inländische Produktion. Die Geschichte hat uns gelehrt, dass es in der Regel keine adäquate Nutzung der verfügbaren Ressourcen gibt, und man weiß mittlerweile nur zu gut, wie die bekannten weißen Elefanten aussehen: monumentale Gebäude/Werke, oft unbenutzt oder nur sehr selten genutzt (etwa Flughäfen ohne regelmäßigen Flugverkehr). Diese Erfahrung illustriert und bestätigt, dass der Extraktivismus eine produktive Diversifizierung nicht zulässt.

- Noch weniger als eine produktive Diversifizierung erzeugt der Extraktivismus dynamische Verkettungen. Es werden keine integrativen und synergistischen Produktionsverbindungen hergestellt, weder nach vorne noch nach hinten und auch nicht in der Endnachfrage (Verbindung zwischen Verbrauch, Infrastruktur und Steuern). Auch der Technologietransfer wird nicht erleichtert und garantiert. Ein externer Effekt der Rohstoffförderung zugunsten anderer Sektoren wird schlicht nicht erzeugt. Das ergibt eines der klassischen Merkmale der primärproduktexportierenden Volkswirtschaften, das seit Kolonialzeiten besteht: ein Enklavecharakter, mit extraktivistischen Gebieten, die vom Rest der Wirtschaft isoliert sind. Bis heute hat sich daran nichts geändert, weder in Ländern mit neoliberaler noch in jenen mit progressiver Regierung. Dieses Phänomen muss jedoch insofern überdacht werden, als sich die extraktivistischen Regionen nicht ausschließlich auf Gebiete beschränken, in denen Rohstoffe gewonnen werden. Ihre Verbindung zu einer Art virtueller extraktivistischer Region muss ebenfalls berücksichtigt werden, ebenso hängen sie von dem Verhältnis der Primärgüter zu der Finanzialisierung der Weltwirtschaft ab. Es ist demnach unabdingbar, darüber nachzudenken, in welchem Verhältnis die zukünftigen Primärgütermärkte zu den extraktivistischen Logiken stehen, solange diese sie ständig anfeuern.
- Die Unternehmen, die die Ausbeutung nicht erneuerbarer natürlicher Ressourcen durch ihren Standort und die Art der Gewinnung kontrollieren, werden oft zu mächtigen Unternehmensgruppen in den relativ schwachen Nationalstaaten. Einige transnationale Unternehmen haben ihre dominante Position ausgenutzt, die sie etwa durch einen Beitrag zum Gleichgewicht der Zahlungsbilanz erreicht haben, um die Machtbalance im Land zu beeinflussen – sie

drohten gar jenen Regierungen, die es wagten, ihnen etwas entgegenzusetzen. Eine neue Unternehmerklasse hat in ganz Lateinamerika nicht nur ohne großen Gegenwind den Staat gekapert, sondern auch wichtige Medienanstalten, Meinungsforschungsinstitute, Unternehmensberaterfirmen, Universitäten, Stiftungen und Anwaltskanzleien. Diese transnationale Unternehmerklasse – im Fall der chinesischen Investitionen wird sie direkt vom eigenen Staat unterstützt – ist inzwischen der »privilegierte politische Akteur« geworden, denn sie besitzt »Ebenen des Zugangs und des Einflusses, zu denen keine andere Interessengruppe, Schicht oder soziale Klasse Zugang hat« und, mehr noch, die ihr »die Rekonfiguration des Restes der Sozialpyramiden« ermöglicht. Es »handelt sich um eine unsichtbare Hand [manchmal ist sie sehr sichtbar, Anm. d. A.] im Staat, der Gunst und Privilegien eingeräumt werden, die sie um jeden Preis beibehalten will« und als »erworbene Rechte« ansieht.[22] Das schwächt den Nationalstaat und führt zur Deterritorialisierung des eigenen Staates. In der Folge kümmert sich der Staat nicht um die Öl- oder Bergbau-Enklaven und überlässt beispielsweise die sozialen Forderungen den extraktivistischen Unternehmen. Dies führt zu einer unorganisierten und nicht durchgeplanten Bewirtschaftung jener Regionen, die teils sogar außerhalb der nationalen Gesetze agiert. In diesem Zusammenhang sichert der extraktivistische Staat die Verbindung von Bergbau- oder Ölgebieten zum Weltmarkt durch die entsprechende Infrastruktur, mithilfe der Polizei oder sogar des Militärs. Als Folge findet dadurch nicht nur keine nationale und lokale Integration statt, neben den zahlreichen aufgezählten Punkten führt all dies zudem zur Entstaatlichung der Wirtschaft, nicht nur wegen ihrer direkten Kontrolle über die natürlichen Ressourcen, sondern auch wegen der direkten oder indirekten

Einmischung transnationaler Konzerne in die Politik der extraktivistischen Länder.

- Abgeleitet vom Primärgüterexport, verfestigt und vertieft sich die Konzentration und Zentralisierung von Einkommen und Reichtum in wenigen Händen – ebenso wie die politische Macht. Die transnationalen Unternehmen, die als Förderer der Moderne angesehen werden, profitieren enorm davon, dass ihnen das Verdienst zukommt, besagte Ressourcen auszukundschaften und auszubeuten. Es wird nicht darüber gesprochen, wie diese Unternehmen eine große Entstaatlichung der Wirtschaft erzeugen, zum Teil aufgrund des Finanzierungsvolumens, das nötig ist, um die Ressourcen zu gewinnen, und zum anderen, weil ein gefestigtes nationales Unternehmertum fehlt – und es keinen Regierungswillen gibt, strategische Allianzen mit lokalen Unternehmern zu bilden.
- Dieser zunehmend maßlose Extraktivismus bereitet den Boden für steigende Gewalt und Marginalisierung, die zu repressiven, blinden und ungeschickten Reaktionen des Polizeistaats führen, der seine sozialen und wirtschaftlichen Verpflichtungen nicht erfüllt. Die Kriminalisierung und Repression, die für den Erhalt und Ausbau des Extraktivismus eingesetzt werden, charakterisieren alle Regierungen der Region, ungeachtet ihrer ideologischen Orientierung.

Der zunehmend maßlose Extraktivismus bereitet den Boden für steigende Gewalt und Marginalisierung.

- Die ungleiche Verteilung der Erträge und Vermögenswerte führt besonders für zwei Bereiche in eine Sackgasse: Die Randsektoren, die eine größere Kapitalproduktivität haben als die modernen (etwa Handwerker oder Bauern), verzeichnen keinen Gewinn, da sie nicht über die Geldmittel verfügen, um zurücklegen und investieren zu können; und die modernen Sektoren mit höherer Arbeitsproduktivität investieren nicht, weil sie keine inländischen Märkte haben, die attraktive Renditen gewährleisten würden. Dies wiederum verschärft das Fehlen von technischen Mitteln, Fachkräften, Infrastrukturen und Devisen, was Investitionen entmutigt. Es ist eine seit vielen Jahrzehnten bekannte Situation: Die strukturelle Heterogenität dieser produktiven Apparate wird immer weiter vertieft (siehe Pinto 1970).

- Hinzu kommt die offensichtliche Tatsache, dass im Gegensatz zu anderen Sektoren die extraktivistische Aktivität vor allem in den Bereichen Bergbau und Erdöl nur wenige – wenn auch gut bezahlte – direkte und indirekte Arbeitsplätze schafft (und leider nicht nur aus technologischen Gründen): Sie bindet hoch qualifizierte Management- und Fachkräfte, die oftmals aus dem Ausland kommen. Die Technologie ist in der Tat global, ebenso wie die Finanzen, wohingegen die Extraktion lokal sein muss und die Produktion lokal sein kann oder eben ausgelagert wird.[23] Die extraktivistische Aktivität ist kapitalintensiv und importintensiv: Sie nutzt fast ausschließlich ausländischen Input und Technologie. All dies führt dazu, dass der interne Wert der Rendite der Primärexportaktivität (er entspricht der Wertschöpfung, die im Land bleibt) lächerlich klein ist. Das wiederum führt zu neuen sozialen Spannungen in den Regionen, in denen diese natürlichen Ressourcen gewonnen werden, denn im Allgemeinen profitieren nur sehr wenige Menschen vor Ort direkt oder indirekt von den Bergbau- und Ölunternehmen. Und die Arbeit dort bedeutet fast immer Ausbeutung. In den Monokulturbetrieben, wo immer noch genug Arbeitskraft benötigt wird, sind die Arbeitsverhältnisse prekär, es bestehen sogar sklavereiähnliche Praktiken fort – die Bananenplantagen in Ecuador sind ein prägnantes Beispiel dafür.

- In den Primärexport-Volkswirtschaften charakterisieren sich politische Strukturen und Dynamiken durch Rentismus, Gier und durch den Autoritarismus, mit dem Entscheidungen gefällt werden. Durch die Gier werden Staatsausgaben in unermesslichen Höhen vergeudet. Es fehlt ein ordentliches Steuersystem; der Klientelismus wird zur Machtsicherung finanziert, ohne adäquat zu planen und ohne sich um die Qualität der Führung und die demokratische Kontrolle allzu große Gedanken zu machen. Dieser »unersättliche Effekt« spiegelt sich wider in der verzweifelten Suche und anschließenden Veruntreuung eines wichtigen Teils des Überschusses des Primärgüterexport-Sektors. Die politisch Mächtigen kassieren diese Überschüsse, um ihre Macht zu verewigen oder von ihr zu profitieren. In diesem Umfeld, in dem Korruption herrscht, ist es offensichtlich, dass es sehr schwierig ist, einen echten Anreiz zu finden, um ein gerechtes Steuersystem zu entwickeln, vor allem inmitten überbordender Korruptionssituationen.
- Der Extraktivismus schafft eine reduktionistische Vorstellung von Natur. Er spielt die Komplexität natürlicher biophysikalischer Vernetzungen und natürlicher Reproduktionsprozesse auf bloße sogenannte Naturgüter herunter, die zur Erkundung, Exploration und Vermarktung zur Verfügung stehen. Die negativen Konsequenzen der Extraktionsprozesse erkennt er nicht an. Im besten Fall werden die sichtbaren Folgen verarbeitet, aber nie als Teil eines ganzheitlichen Kontextes der Naturstrukturen. Aus dieser Perspektive schadet der Extraktivismus dem natürlichen und sozialen Umfeld, in das er eingreift; vor allem extraktivistische Megaprojekte zerstören wichtige Naturzyklen und wesentliche Elemente

Der Extraktivismus schafft eine reduktionistische Vorstellung von Natur.

der Ökosysteme und verhindern ihre Regeneration. Das bedeutet, dass die Rechte der Natur ernsthaft und irreversibel bedroht sind.[24] Diese Verschlechterung geschieht trotz der Bemühungen einiger Unternehmen, die Umweltverschmutzung zu reduzieren, und trotz sozialer Aktionen hinsichtlich freundschaftlicher Beziehungen der Unternehmen zu den Gemeinden. All dies erklärt, warum es immer mehr defensive Antworten aus den betroffenen Gemeinden gibt, die zunehmend von extraktivistischen Regierungen und Unternehmen unterdrückt werden. Die Repression und Kriminalisierung des sozialen Protests wird dadurch zu einem Schlüsselinstrument in der Auseinandersetzung mit dem Extraktivismus. Die massive Aneignung der Natur beziehungsweise der natürlichen Ressourcen durch mehrfache Gewaltanwendung, indem Menschenrechte und die Rechte der Natur übergangen werden, »ist nicht die Folge einer bestimmten Art von Extraktion, sondern die notwendige Voraussetzung für die Aneignung der natürlichen Ressourcen«, wie Eduardo Gudynas hervorhebt (2013, S.11).[25]

Trotz dieser vielen kritischen Argumente gegen eine Fokussierung auf Extraktivismus, die zur These des Buches *La maldición de la abundancia* (*Der Fluch des Überflusses*)[26] geführt haben, stehen die Regierungen von Ländern mit überwiegend extraktivistischen Volkswirtschaften und wichtige wirtschaftliche und soziale Sektoren weiterhin hinter ihrem Tun. Es sieht so aus, als wäre das der wahre Fluch, die gravierendste Pathologie: die Unfähigkeit, die Herausforderung anzunehmen, Alternativen zur Primärgüterexport-Wirtschaft zu finden. Trotz ihres offensichtlichen Versagens scheint sich die Pathologie zu verstetigen.

Es gibt keinen »guten« und »schlechten« Extraktivismus.[27] Extraktivismus ist, was er ist: In einem wirtschaftlichen Sinn umfasst er verschiedene Aktivitäten zur massiven Gewinnung von Primärgütern für den Export, die im Kapitalismus im Kontext der Primärgüterexport-Akkumulation grundlegend sind. Damit strukturiert er Gesellschaften, organisiert Klassen-, Eigentums- und Geschlechterverhältnisse, rassifizierte Zuordnungen von Über- und Unterlegenheit, den Staat in seiner Struktur und seinen möglichen Politiken, Vorstellungen von »Fortschritt«. So hat der Extraktivismus im Grunde etwas Raubtierhaftes, wie »der Kapitalismus, (der) davon lebt, dass er das Leben unterdrückt und die Welt von Leben befreit; dieser Prozess ist so weit vorangeschritten, dass die Reproduktion des Kapitals nur erfolgen kann, wenn sie Menschen und Natur zugleich zerstört«, so bringt es der ecuadorianische Philosoph Bolívar Echeverría auf den Punkt.[28]

Es gibt keinen »guten« und »schlechten« Extraktivismus.

Alle Aspekte, die den Extraktivismus ausmachen, stehen im Zusammenhang mit den typischen Elementen der sogenannten Unterentwicklung:

- der Schwäche der heimischen Märkte, die vor allem durch niedrige Einkünfte und große Ungleichheit bei der Verteilung des Vermögens verursacht wurde;
- einerseits wachsender Armut für die Mehrheit, andererseits der immer größeren Konzentration von Einkünften und Vermögen in den Händen weniger; ein Aspekt, der vor allem den Prozess der Verarmung erklärt;
- dem gleichzeitigen Vorhandensein rückständiger und moderner Produktionssysteme, die die strukturelle Heterogenität und die Unzuverlässigkeit des Produktionsapparates charakterisieren;
- wenig produktiven und branchenübergreifenden Verflechtungen bis hin zu gänzlich fehlenden Verflechtungen von Nachfrage und Abgabensystem, insbesonde-

re bezogen auf die Exportaktivitäten und den Rest der Wirtschaft;

- der Konzentration auf die Produktion nichtverarbeiteter Güter, um den externen Markt zu überschwemmen, trotz der Schwankungen der internationalen Preise in diesen Primärsektoren, die zudem kapitalintensiv sind und wenig Arbeitsplätze schaffen;
- dem Fehlen einer angemessenen Einbindung verschiedener Regionen eines jeden Landes, vor allem bei der Infrastruktur und dem produktiven Austausch;
- der Ausbeutung der Einsparungen der ärmeren Regionen durch die wohlhabenden, der Schaffung einer »kumulativen kreisförmigen Kausalität«,[29] die mehr und mehr die einen zum Wohl der anderen verarmen lässt (begleitet durch den damit verbundenen ungleichen Tausch);
- dem Fehlen eines modernen Wissenschafts- und Techniksystems (die Grundlage für die Entwicklung dynamischer komparativer Vorteile), begleitet von einer feierlichen Missachtung der Weitergabe von Wissen;
- dem administrativen Missmanagement des Staates und einer ausgeprägten bürokratischen Willkür – Autoritarismus ist fast eine Norm in diesen extraktivistischen Ländern;
- den immer geringeren Ausgaben für Sozialpolitik, vor allem für Gesundheit und Bildung. Sehr oft wird hierbei Geld für Vorschläge vergeudet, die den Ursprung der Probleme nicht angehen;
- dem Mangel an Strategien, um in den Bereichen Lebensmittel, Energie, Finanzen und Wirtschaft wirtschaftliche Souveränität zu fördern;
- der massiven Ineffizienz des produktiven Sektors;
- der in der gesamten Gesellschaft stark verbreiteten Korruption, vor allem aber in den Kreisen, die direkt oder

indirekt mit dem Extraktivismus und den daraus resultierenden Renten zu tun haben.

Eines der größten übergreifenden Probleme, das auch die sogenannte Unterentwicklung im Wesentlichen erklärt, liegt in der Kolonialität der Macht, des Seins und Tuns, die bis heute Gültigkeit hat.[30] Diese Kolonialität ist nicht nur eine Erinnerung an die Vergangenheit; sie erklärt auch die gegenwärtige Einrichtung der Welt als Ganzes und einen grundlegenden Aspekt der Agenda der Moderne.[31]

Dass Europa zum vermeintlichen Zentrum der Moderne wurde, ist ein langer und von Macht durchdrungener historischer Prozess. Insbesondere wurde im Zuge der Kolonisierung *raza* (rassifizierte Verhältnisse) »zum ersten Hauptkriterium für die Einteilung der Weltbevölkerung in Rangstufen, Stellungen und Rollen in der Machtstruktur« der kolonisierten Gesellschaften.[32] Dort wurden hierarchisierte Identitäten geschaffen, die mit der Hautfarbe zusammenhingen, und es wurde eine »systematisch rassialisierte Arbeitsteilung« durchgesetzt. Zunächst war die bezahlte Arbeit ein Privileg der »Weißen«, die anderen waren Sklaven.[33] Später waren die Qualität der Lohnarbeit und Höhe der Bezahlung entlang von Rassifizierung und Hautfarbe gestaltet.

Obwohl diese Realität und ihre Probleme nach so vielen Jahrzehnten der Abhängigkeit vom Extraktivismus durchaus bekannt sind, gibt es sehr wenige überzeugende Antworten – selbst innerhalb eines möglichen eher vernünftigen Extraktivismus mit hohen Sozial- und Umweltstandards, der als ein erster Schritt in einem langen Prozess des post-extraktivistischen, notwendigerweise postkapitalistischen Übergangs gesehen werden könnte.

In den letzten Jahren waren einige Stabilisierungsfonds die vielleicht bemerkenswertesten Maßnahmen (nicht vergleichbar mit den Fonds, die verwendet werden, um die Zahlung der

Auslandsschulden zu garantieren); ihre Effizienz hängt davon ab, wie lange die niedrigen Rohstoffpreise auf dem Weltmarkt anhalten.

Eindeutig ist jedoch, dass die Abhängigkeit vom Extraktivismus gestiegen ist, sowohl in Ländern mit neoliberalen Regierungen als auch in progressiv regierten Ländern. All diese vom Extraktivismus geführten Regierungen haben einen neuen Kreuzzug für Wirtschaftswachstum um jeden Preis begonnen: entweder, um den Extraktivismus durch noch mehr Extraktivismus auszuweiten, wie es die ecuadorianische Regierung plant, oder um auf den Bergbauzug aufzuspringen, wie von der kolumbianischen Regierung verfolgt.

Die Abhängigkeit vom Extraktivismus ist in Lateinamerika stetig gestiegen.

Vom kolonialen Extraktivismus zum zeitgenössischen Neo-Extraktivismus

Die aktuelle Situation des Extraktivismus in Lateinamerika hat zu intensiven Diskussionen geführt. Darüber hinaus wurde der Begriff »Neo-Extraktivismus« geprägt, um sie besser zu verstehen.

Dabei gibt es zwei Perspektiven. Eine beschreibt den Neo-Extraktivismus als die extraktive Handhabung natürlicher Ressourcen durch Länder mit progressiven Regierungen.[34] Beim Extraktivismus der neoliberalen Regime sehen sie einige Unterschiede. In ihrer Analyse weisen etwa Maristella Svampa und Eduardo Gudynas darauf hin, dass der aktuelle Extraktivismus von einem sozialpolitischen nationalpopulistischen Dispositiv ausgeht und ihn konsolidiert, indem er die Ausbeutung der Natur rechtfertigt als ein Projekt zur Förderung der »nationalen Entwicklung«.

Eine andere Perspektive definiert die Situation in der gesamten lateinamerikanischen Region seit 2000 als neo-extraktivistisch. Natürlich gibt es bemerkenswerte oder deutliche Unterschiede, und verschiedene Regierungen handeln auf unterschiedliche Weise, abhängig von der wirtschaftlichen Situation und der sozialen Mobilisierung. Allerdings treten – so das Argument – diese Unterschiede konkret in jeder Gesellschaft auf, und eine Sortierung entlang von konservative versus progressive Regierungsagenda bringt nicht weiter. War Argentinien unter den »progressiven« Kirchners »neo-extraktivistisch« und ist nun unter Macri »extraktivistisch«?[35] Diese Perspektive betont die Suche nach den Gemeinsamkeiten der gegenwärtigen Phase des Extraktivismus (Brand, Dietz und Lang 2016), die sich zunehmend als Erosion der wilden und landwirtschaftlich geprägten Biodiversität, als Verschwinden von landwirtschaftlichen Böden, Verlust von Wasserqualität und -quantität und durch die Auswirkungen der globalen Erwärmung äußert.[36]

In Anbetracht der Unterschiede bei der Definition des Neo-Extraktivismus denken wir, dass es besser ist, zum allgemein gehaltenen Begriff »Extraktivismus« zurückzukehren, wohl wissend, dass seine letzte historische Phase besondere Dimensionen hat; dennoch sollten die Unterschiede zwischen neoliberalen und progressiven Regierungen festgehalten werden. Auf jeden Fall verstehen wir diese neue Phase des Extraktivismus als zeitgenössische Version des herkömmlichen und tief verankerten Extraktivismus, weshalb er gleichfalls von den typischen Pathologien des Extraktivismus betroffen ist.

In dieser neuen Phase des Extraktivismus gab es außer dem Umstand, dass mehrere Länder in der Region inzwischen progressive Regierungen haben, auch durchaus Anstrengungen in Richtung einer Transformation des Produktionsapparates – etwa durch eine verstärkte Industriepolitik. Dennoch haben diese Regierungen das Wesen der Primärgüterexport-Akkumulation doch beibehalten; in Brasilien etwa ist die Industrie stark auf den Agrarsektor ausgerichtet (Saatgut, Düngemittel, Pestizide, landwirtschaftliche Maschinen). Jenseits von Debatten und offiziellen Plänen hat sich der Extraktivismus in der Praxis verfestigt und sogar erweitert.

Es sei hier an die historisch-politische Konstellation erinnert, dass der Kampf der sozialen Bewegungen die Bildung von »progressiven« Regierungen erst ermöglicht hat. Die Rolle des Staates in der Wirtschaft sollte verstärkt werden, durch zunehmende staatliche Kontrolle und Handeln insbesondere im Rohstoffsektor. Und der Staat sollte sich um die Umverteilung der hohen Einnahmen aus dem Primärgüterexport kümmern. Die sozialen Kämpfe wurden von nationalpopularen Forderungen umrahmt. Und es gab durchaus eine Sensibilität für ökologische Probleme, denn das Wasser für den Agrarsektor begann in manchen Regionen allmählich zu fehlen, und die Entwaldung und Umweltverschmutzung durch den konventionellen und unkonventionellen Bergbau schritten voran; weitere Gründe waren die Erdölgewinnung, die Überfischung, die Luftverschmutzung in den Städten, das Abnehmen der Biodiversität, das Verschwinden landwirtschaftlicher Böden, der Wassermangel und die schlechte Wasserqualität etc. Es waren auch negative Auswirkungen der Aufheizung des Klimas. Aus einer nationalorientierten Position heraus haben die progressiven Regierungen folglich mehr staatlichen Zugang und Kontrolle über die natürlichen Ressourcen und den daraus entstehenden Gewinn bekommen, was an sich nicht schlecht ist. Besorgniserregend ist aber, dass aus dieser Position heraus zwar die Aktivität der transnationalen Konzerne kritisiert wird, nicht aber der Extraktivismus an sich.

An diesem Punkt ist festzustellen, dass dem Staat die Souveränität fehlt – und diese wäre dringend notwendig, um Armut und soziale Ungleichheit zu bekämpfen.[37] Diese Tatsache ist wichtig, um zu verstehen, warum einige progressive Regierende inbrünstige Förderer extraktivisitischer Aktivitäten wurden, wie zum Beispiel der ecuadorianische Präsident Rafael Correa, der in seinem Land zum größten Unterstützer des Megabergbaus wurde.[38]

Dem Staat fehlt die nötige Souveränität.

Es stimmt natürlich, dass öffentliche Mittel fehlen, um Ungleichheit und Ungerechtigkeit zu bekämpfen. Aus diesem Grund nutzten diese Regierungen die Dynamik des globalen Marktes mit den aktuell hohen Preisen für Primärgüter und förderten den Extraktivismus. Die Konjunktur hat es möglich gemacht, den Extraktivismus als eine Art Chance zu sehen. Darüber hinaus gab es Regierungen, vor allem die ecuadorianische, die in mehr Extraktivismus eine Art Hebel erkennen wollten, um die Bedingungen zu schaffen, den Extraktivismus zu überwinden. In allen lateinamerikanischen Regierungen wurde das Wirtschaftswachstum als Motor der Entwicklung anderer Produktionsbranchen gesehen.

Um diese Dynamiken ist eine kontroverse Debatte entstanden. Den Befürwortern progressiver Regierungen zufolge kann das extraktivistische Wachstumsmodell objektiv nur anhand des wirtschaftlichen Erfolgs und der Verteilung des Zuwachses beurteilt werden. Sie argumentieren, dass auf analytischer und programmatischer Ebene das Konzept des Extraktivismus zu kritisch sei und einige Punkte nicht ausreichend beachte, wie bessere Löhne, die Rolle des Staates und die Transformation der Macht. Die progressiven Regierungen beabsichtigen nach dieser Argumentation, mittelfristig das Primärgüterexportmodell und seine starke Abhängigkeit vom Weltmarkt wirtschaftlich und sozial umzustrukturieren. Doch dem ist entgegenzuhalten: Realistisch betrachtet, werden sie dieses Ziel nie erreichen und sie beabsichtigen es auch nicht wirklich. Ja mehr noch: Um sich gegen Kritik und wachsenden sozialen Widerstand zu verteidigen, werden politische Regime immer zentralistischer und autoritärer.

Die progressiven Regierungen behaupten, dass man Konzepte wie »Buen Vivir« (das »Gute Leben«) nicht verallgemeinern könne und dass sie nichts weiter seien als abstrakte und politisch etwas naive Vorstellungen. Und nicht nur das: Diese Regierungen haben zudem das »Buen Vivir« seines Inhalts beraubt und es in ein Machtinstrument verwandelt. Wir werden darauf noch eingehen. Dabei ist die Idee vom »Buen Vivir« eine wichtige Referenz für einen emanzipatorischen Zivilisationshorizont. Dahinter stehen verschiedene Weltanschauungen indigenen Ursprungs, die an bestimmte lateinamerikanische Regionen gebunden sind, die die Entstehung nichtkapitalistischer gemeinschaftlicher Wurzeln in Harmonie mit der Natur anstreben. So gesehen, postuliert »Buen Vivir« eine zivilisatorische Transformation, die eine biozentrische Gesellschaft anstrebt, im Gegensatz zu der anthropozentrischen (ohne emanzipatorische Errungenschaften der Moderne wie Individualität abzuschaffen); es soll um Gemeinschaft gehen, nicht nur ums Individuelle, um Vielfalt und Vielfältigkeit und nicht um eindimensionale und monokulturelle Verhältnisse. Um das zu erreichen, ist ein tief greifender Prozess der intellektuellen Entkolonialisierung in politischen, sozialen, ökonomischen und kulturellen Fragen erforderlich.[39]

Der von progressiven Regierungen geförderte Extraktivismus ist Teil einer zeitgenössischen Version des typisch lateinamerikanischen Desarrollismo, also einer fortschrittsgläubigen Orientierung an westlicher »Entwicklung«. Dies wurde in den letzten Jahrzehnten von den StrukturalistInnen und DependenztheoretikerInnen stark kritisiert. Progressive Regierungen – und auch neoliberale – halten den Mythos des Fortschritts in seiner kapitalistischen Form und »Entwicklung« als die einzige mögliche Marschrichtung aufrecht, vor allem in der mechanistischen Vision des Wirtschaftswachstums. Der Extraktivismus des (neoliberalen oder progressiven) 21. Jahrhunderts verliert seinen erobernden und kolonisierenden Charakter jedoch nicht. Der »Westen« macht weiterhin die Vorgaben über Weltmarkt, Politik und Kultur und sichert seine Dominanz.

An diesem Punkt soll nicht verschwiegen werden, dass in den progressiven Ländern die traditionell marginalisierte Bevölkerung dank der besseren Umverteilung der steigenden Einnahmen infolge der hohen Rohstoffpreise eine relative Verbesserung ihrer Lebenssituation erlebt hat (diese Verbesserung wurde, wie bereits erwähnt, auch in Ländern mit neoliberalen Regierungen verzeichnet). Doch jenseits revolutionärer Diskurse und einiger Errungenschaften in sozialer Hinsicht (einige von ihnen scheinen eher nachzuholen, was in der neoliberalen Krise nicht geschehen ist) ist es auch in den Staaten mit sog. progressiven Regierungen nicht zu einer echten Umverteilung von Reichtum oder Macht gekommen, geschweige denn zu einer Veränderung der Modalität der Akkumulation.[40] Das erklärt sich dadurch, dass es relativ einfach ist, sich Vorteile aus Förderung und Verkauf von Rohstoffen zu verschaffen – und dabei die Verteidiger der natürlichen Lebensgrundlagen einfach beiseitezuschieben –, ohne komplexe Prozesse rund um soziale und politische Umverteilung anzugehen.[41] Deshalb haben die Wohlhabenden der alten Oligarchien – und auch die der neuen, die mit dem transnationalen Kapital verbunden sind – erhebliche Gewinne erzielt, während die Korruptionsklagen in all diesen Ländern zunehmen. Was außerdem fehlt, ist eine genauere Analyse der Auswirkung des Drogenhandels auf die Wirtschaft (und die Politik) in mehreren Ländern der Region, vor allem aber in Mexiko, Kolumbien, Peru und Bolivien.

Da die Phase der hohen Rohstoffpreise vorläufig beendet ist, wird in diesen Ländern die Logik der Anpassung wiederaufgenommen; das heißt: Kürzung der öffentlichen Ausgaben sowie derer für die Sozialpolitik, Abwertung des Wechselkurses, Anstieg der Zinssätze und insbesondere die Einführung der sogenannten Arbeitsflexibilität. das wirkt sich – wie immer – negativ auf die Unter- und Mittelschichten aus.

Zusammengefasst spiegelt der Extraktivismus im 21. Jahrhundert eine wesentliche Form der Primärgüterexport-Akkumulation wider, er ist das Ergebnis eines kapitalistischen Wachstumsmodells in der Peripherie und in Abhängigkeit. Die Situation der Gesellschaften hängt stark (aber nicht ausschließlich) von der Bewertung bestimmter natürlicher Rohstoffe auf dem kapitalistischen Weltmarkt ab – eine besondere Erweiterung der fetischistischen Logik des Kapitalismus.

Diese Tendenz zum Kapitalismus ist so stark, dass einige sogar glauben, dass die Entwicklung der Region nur auf diesem Weg möglich sein werde. Die Wirtschaftskommission für Lateinamerika und die Karibik (ECLAC) etwa diskutiert in einigen ihrer Veröffentlichungen die Tendenz der Reprimarisierung (die Rückkehr der Region zur Primärgüterproduktion) als Option für eine erfolgreiche Entwicklungsstrategie in Lateinamerika.[42]

> *Diese Tendenz zum Kapitalismus ist so stark, dass einige glauben, »Entwicklung« sei nur auf diesem Weg möglich.*

Die heutige Aktualisierung des Entwicklungsmodells geschieht selbstverständlich auf der Grundlage von innergesellschaftlichen und globalen Bedingungen und Dynamiken, die sich im Wandel befinden. Einige dieser Dynamiken beruhen auf der veränderten Situation des Weltmarkts und auf geopolitischen Transformationen, die die Fluktuation der Rohstoffpreise beeinflussen.

Auch in anderen Regionen der Welt wächst die Bedeutung der Entwicklungsstrategien, die auf der Primärgütergewinnung und der Aneignung und nur bedingten Umverteilung der Gewinne beruhen, teils stark an.[43] Russland, Indonesien und zukünftig auch Myanmar gehören in gewissem Sinne dieser Gruppe von Regionen an. Es ist wichtig zu betonen, dass diese Strategien in direktem Zusammenhang mit dem Aufrechterhalten der Produktions- und Lebensweisen des globalen Nordens stehen, ohne zu hinterfragen, ob dieser hohe Verbrauch an Ressourcen überhaupt nötig ist und wie es dazu kommen konnte, dass so viele natürliche Ressourcen zum Objekt finanzieller Spekulationen werden konnten (die perverse »Finanzialisierung der Natur«).[44]

Diese jüngste Reprimarisierung begann um das Jahr 2000 und intensivierte sich seit 2003, obwohl sie zu Beginn nicht offensichtlich war (tatsächlich begann der Anstieg der Preise der *commodities* schon in den frühen 1990er-Jahren, Ende 2002 war es bereits ein wilder Galopp). Die Preisvolatilität bei Primärgütern ist enorm und nicht nur fehlgeleitet wegen der imperialen Struktur des Kapitalismus, sondern auch gefährlich, weil man sich auf die Preise nicht verlassen kann. Seit Beginn des Jahrtausends ist die weltweite Nachfrage nach landwirtschaftlichen und mineralischen Primärgütern kontinuierlich gestiegen und hat damit die Austauschverhältnisse zwischen Primär- und Industriegütern zugunsten Ersterer verbessert. Im Jahr 2008 stieg der Rohölpreis (für Nordseeöl und Brent-Rohöl) auf mehr als 133 Dollar pro Barrel – nach Schwankungen von 23 Dollar Ende des Jahres 2001 auf 70 Dollar Mitte 2005. Ende 2008 sank er auf 40 Dollar und stieg im Frühjahr 2012 wieder auf 125 Dollar. Anschließend sanken die Rohölpreise auf unter 40 Dollar Ende 2015 und auf 30 Dollar im Jahr 2016. Der Preisanstieg Anfang der 2000er-Jahre war bei den Mineralien sogar noch größer, vor allem bei den Metallen. Zwischen 2000 und 2011 stieg der Natürliche-Ressourcen-Index der deutschen Bundesanstalt für Geowissenschaften und Rohstoffe (BGR) um 400 Prozent. Der Preis für einige

Nichtedelmetalle wie Eisen, Stahl oder strategische Metalle stieg sogar um mehr als 600 Prozent.[45] Wenn nun alles darauf hinweist, dass eine neue Phase der Niedrigpreise begonnen hat, ist eine gründliche Analyse wichtig, um zu verstehen, wie lange sie andauern kann und welche Auswirkungen sie auf die lateinamerikanischen Volkswirtschaften haben wird.[46] In dieser Überlegung müssen auch die fortschreitenden technologischen Veränderungen beachtet werden.

Technologische Renaissance des Extraktivismus?

Der Zusammenhang zwischen Extraktivismus und technologischem Fortschritt nimmt aufgrund der Dynamiken der Kapitalakkumulation zu.[47] Vor allem in Ländern wie Argentinien und Brasilien schreitet die Industrialisierung der Landwirtschaft immer weiter voran, etwa durch den Einsatz von transgenen Sojabohnen oder die Anwendung von industriellen Düngemitteln und Pestiziden. Auch im Bergbau und bei der Erdölgewinnung wird mit hochtechnologischen Methoden gearbeitet, die immer mehr Energie verbrauchen. Daher ist der massive Extraktivismus in Lateinamerika mit dem Ausbau der Stromerzeugung verknüpft, vor allem mit Wasserkraftwerken, die wiederum einen neuen Druck auf lokale Gemeinden und Natur ausüben. Es wird daher auch immer häufiger von »Bergbau-Energie-Projekten« gesprochen.

Wegen dieser engen Verbindung ist es nötig, auch den technologischen Wandel hier genauer zu betrachten, sowohl im Rahmen des jüngeren Extraktivismus, wo ein Stadium der Extraktion von »nichtkonventionellen« Ressourcen begonnen hat, als auch in Bezug auf die Arbeitskraft. Es geht um Fracking und die Gewinnung von Kohlenwasserstoffen in immer größeren Tiefen, um den hydrochemischen Bergbau, um Megaplantagen, Nanotechnologie, Geoengineering und Bioingenieurswesen. All diese technologischen Fortschritte müssen mit anderen Formen der Mehrwerterzeugung verglichen werden, wie etwa den CO_2-Märkten oder den verschiedenen Konzepten der Arbeitsflexibilität. Viele dieser Überlegungen gelten im gleichen Ausmaß auch für Europa, wo die Diskussion über die sogenannte Industrie 4.0 immer intensiver wird und in den kommenden Jahren ein rascher Anstieg der industriellen Produktivität durch die Digitalisierung erwartet wird – ein in Lateinamerika bisher eher unbekanntes Thema.

Jede technologische Revolution bringt neue Produktionstechniken mit sich.

Jede technologische Revolution bringt neue Produktionstechniken mit sich. Gegenwärtig ergeben sich durch die modernsten Technologien verschiedene Verknüpfungsmöglichkeiten der Produktionsmittel und -instrumente, wie etwa bei dem bis vor Kurzem völlig unvorstellbaren 3-D-Druck.

Angesichts dieser Dynamiken müssen neue Energiequellen gefunden werden,[48] um die Güterproduktion zu stimulieren und die Digitalisierung für den Dienstleistungssektor fruchtbar zu machen, dessen Kosten, so wird behauptet, immer niedriger werden, ja sogar gegen null gehen. Wir müssen nachdenken über die Verwendung der sich daraus ergebenden Gewinne, neue Endprodukte, Kommunikationssysteme, Finanzdienstleistungen, Transport- und Lagersysteme, nicht zu vergessen die neuen Informationsquellen, die Datenbanken und die Datenübertragung. Zudem müssen die neuen, sich daraus ergebenden geografischen Märkte in Betracht gezogen werden – es sei daran erinnert, was der Beitritt Chinas zur WTO bedeutet hat – und die neuen Einkommensschichten – hier kann man ebenfalls an das chinesische Beispiel denken: die riesige chinesische Mittelschicht. All dies führt zu neuen Formen der Unternehmensorganisation sowie zu Veränderungen bei den globalen Machtverhältnissen. Dass diese Veränderungen wichtige politische Entscheidungen und gleichzeitig die Möglichkeiten von Alternativen mit sich bringen, ist offensichtlich. Daher ist es wichtig zu wissen, was die derzeitigen technologischen Möglichkeiten sind und was sie in Zukunft sein können.

Die Transformationen, die momentan im Gange sind, sind so groß, dass sie komplett neue Arbeitssysteme und Technologien zur Gewinnung von Mehrwert schaffen, die die Extraktionsmuster und die Form der Gesellschaftsorganisation verändern, wie Horacio Machado Araoz bemerkt:

> Unter dieser Dynamik fährt das Kapital fort, neue Funktionsweisen der Natur zu schaffen (Naturkapital) und neue Funktionsweisen der Subjektivität (Humankapital), deren (Re-)Produktionsprozesse zunehmend dem Wertgesetz untergeordnet werden. Dieser Kapitalvorsprung setzt eine große Enteignungs-und Aneignungskraft der materiellen und symbolischen Bedingungen der Souveränität der Völker *(pueblos)* voraus, deren Bedingungen für ein selbstbestimmtes Leben. Und all das bringt steigende Gewalt mit sich als ein wichtiges Produktionsmittel der Akkumulation.[49]

Die Technik nimmt, kurz gesagt, eine überragende Rolle ein. Und wie wir wissen, ist Technik nie neutral. Daher ist es wichtig, sich ihr mit Vorsicht zu nähern und nicht aufzuhören, ihre Einschreibung in die Gesellschaft zu analysieren. Wir wollen hier keine konservative Position vertreten, die den technologischen Fortschritt ablehnt oder minimiert, sondern eine, die sich bewusst seiner Bedeutung nähert. Es ist wichtig zu verstehen, dass die moderne Technologie dem Prozess der Kapitalverwertung untergeordnet ist – was sie in vielerlei Hinsicht gefährlich macht. Und dass sie (durch die geplante Obsoleszenz zum Beispiel, also eine in Geräte eingebaute maximale technische Haltbarkeit, eine Art gewollter und vorprogrammierter Verschleiß) massiven Druck auf die natürlichen Ressourcen ausüben wird.

Auf der Suche nach Antworten, wie es zu diesem Bruch im Verhältnis zur Natur kommen konnte, stoßen wir auf ein technowissenschaftliches Muster,[50] das, anstatt ein vitales Verständnis der Funktionsweise der Natur zu konstruieren (ihres Stoffwechsels und ihrer lebenswichtigen Prozesse), in sie hineinplatzt, um sie zu nutzen, zu beherrschen und zu verwandeln. Das scheint das Mandat der Moderne zu sein. Vandana Shiva beschrieb dies bereits in den 1990er-Jahren:

> [...] mit dem Aufkommen von Industrialismus und Kolonialismus [...] gab es einen konzeptionellen Zusammenbruch. »Natürliche Ressourcen« wurden in jene Teile der Natur verwandelt, die als Input für die industrielle Produktion und den Kolonialhandel gefordert wurden. [...] Die Natur, deren Wesen es ist nachzuwachsen, wurde durch diese ursprünglich westliche Auffassung von Welt in tote und manövrierfähige Materie verwandelt. Ihre Fähigkeit, sich zu erneuern und zu wachsen, ist verneint worden. Sie ist vom Menschen abhängig geworden.[51]

Es darf nicht außer Acht gelassen werden, dass jeder Technik eine soziale Form eingeschrieben ist, die uns miteinander in Verbindung bringt und über die wir uns selbst erschaffen. Es genügt, sich dafür die Gesellschaft anzuschauen, die das Auto produziert, und die Art von Energie, die es benötigt.

Ohne die Bedeutung technologischer Fortschritte zu verneinen, ist es wichtig zu sehen, dass nicht alle Menschen von ihnen profitieren. Zum Beispiel haben große Teile der Weltbevölkerung keinen Zugang zu Informationstechnologien oder zum Internet. Und von denen, die Zugang haben, sind viele technologische Analphabeten: Sie sind Gefangene einer Technologie, die sie nicht kennen und nicht in vollem Umfang nutzen können.

Folglich muss darüber nachgedacht werden, was das für eine implizite soziale Form ist, der wir uns alle einschreiben sollen – wenn viele der angeblich demokratisierenden Technologien in Wirklichkeit neue Formen von Ungleichheit, Ausbeutung sowie Entfremdung erzeugen. Viele technologische Fortschritte, die im Alltag Anwendung finden – wie jene, die menschliche Gehirnfunktionen ersetzen –, führen dazu, dass bestimmte Arbeiter nicht mehr gebraucht und ausgeschlossen werden und dass jene, die nicht auf Technologie zugreifen können, vertrieben werden. All das definiert die Arbeit neu, verschiebt sie auf das kognitive Feld und trägt zu ihrer Flexibilisierung bei.

Wir Menschen, so scheint es, werden einfache Werkzeuge oder Anhängsel von Maschinen, dabei müssten die Verhältnisse umgekehrt sein. Um aus dieser Perspektive eine andere Art von Technologie zu schaffen (vor allem eine Technologie, die ein Dazwischen und Innovation von unten erlaubt), ist es notwendig, die Bedingungen ihrer sozialen Produktion zu ändern – und dabei vielleicht sogar komplett die Richtung zu wechseln, wenn man bedenkt, dass es in Wirklichkeit die produktiven Kräfte sind, die sich an die sozialen Produktionsverhältnisse anpassen sollten.

Wir Menschen werden zunehmend Werkzeuge oder Anhängsel von Maschinen.

Dies ist ein weiterer Punkt, der in den Transformationsprozessen beachtet werden muss. Die Herausforderung besteht darin, die Kontrolle über die Technologien zu übernehmen, damit nicht sie uns Menschen kontrollieren. So empfahl es Ivan Illich, einer der Autoren, der im Rahmen der Debatten um Degrowth und bei der Suche nach tief gehenden transformatorischen Alternativen neue Aufmerksamkeit und Bedeutung erlangt.[52]

Die zwingende Voraussetzung für ein besseres und gerechteres Leben besteht also darin, Systeme zu entwickeln, um sich der Fortschritte in Wissenschaft und Technik zu bedienen, die sich aktiv und respektvoll von dem Wissen unserer Ahnen speisen. Man muss jene Praktiken wiederbeleben, die bis heute überdauert haben oder wiedererlernt werden können. Das leuchtet besonders ein, wenn man bedenkt, dass viele dieser Praktiken Jahrhunderte der Kolonisation und Marginalisierung überlebt haben. Parallel dazu ist es auch wichtig, aus den tragischen Geschichten der aus verschiedenen Gründen untergegangenen Kulturen zu lernen – sowohl in den Geschichten des Scheiterns (einschließlich der Fehler, Aggressionen gegenüber der Natur, Ungleichheit oder Gewalt) als auch in den noch offenen Prozessen kann man Elemente finden, um innovative Lösungen für die aktuellen sozialen und ökologischen Herausforderungen zu schaffen. Das Wissen unserer Ahnen lehrt uns zahlreiche Lektionen.

Viele dieser Erfahrungen werden genutzt und von transnationalen Unternehmen patentiert, insbesondere bei landwirtschaftlichen und medizinischen Produkten aus den Anden und dem Amazonasgebiet (oder bei der Herstellung von Kosmetika).

Was also lehren uns die Geschichte und die gegenwärtige Situation von Lateinamerika, die teilweise durchaus auch für andere Teile der Welt gelten? Die vorangegangenen Reflexionen zeigen, dass es notwendig ist, die verschiedenen existierenden Formen der Abhängigkeit in den Bereichen Technik, Konsummuster, Methoden der Verwaltung, Systeme der Wertevermittlung, Normen, Erwartungen etc. zu reduzieren, um die ernsthaften Probleme zu bewältigen, die sich von der Kolonialzeit bis heute angesammelt haben. Eine Transformation der Primärgüterexport-Akkumulation ist unabdingbar. Um sie zu erreichen, müssen die intrinsischen Bedingungen in dieser Art von abhängiger Wirtschaft rückgängig gemacht und gleichzeitig Strategien entworfen werden, um auf intelligente und vor allem verant-

Eine Transformation der Primärgüterexport-Akkumulation ist unabdingbar.

wortliche Weise natürliche Ressourcen zu nutzen, als Teil einer adäquaten Planung, hin zum Post-Extraktivismus.

Es gibt Alternativen, um aus dem Extraktivismus herauszukommen. Es ist offensichtlich, dass der Ausweg nicht noch mehr Extraktivismus sein kann, aber auch, dass nicht alle extraktivistischen Aktivitäten auf einmal aufgehoben werden (können). Es sind klare und solide Strategien erforderlich, die die Wende einleiten, um den Extraktivismus allmählich zu überwinden.

Krise und Austeritätspolitik in Europa

Im Gegensatz zu Lateinamerika wird die europäische Wirtschaft viel weniger von extraktivistischen Tendenzen beherrscht. Die europäischen Länder importieren viele Rohstoffe und haben daher nicht mit denselben wirtschaftlichen und sozialen Problemen zu kämpfen wie Lateinamerika. Doch auch in den von Primärgüterimport geprägten Ländern sind unter den Vorzeichen des Finanzkapitalismus zahlreiche Probleme entstanden.

Der postulierte »freie Markt« führte zur Liberalisierung der Finanzmärkte.

Ab den 1970er-Jahren wurden neoliberale Ideen zu praktischer Politik, um die damalige Krise des Nachkriegskapitalismus zu bearbeitet. Die Diagnose lautete: Die Krise bestehe in der »Anspruchsinflation« der Beschäftigten und in einem zu starken Staat. Die Gewinne der Unternehmen seien nicht ausreichend und das Privateigentum an Produktionsmitteln nicht mehr ausreichend geschützt. Der von der neoliberalen Doktrin postulierte »freie Markt« führte zur Liberalisierung der Finanzmärkte, zur Schwächung von Gewerkschaften und der Interessen der Beschäftigten sowie zu einem selektiven Umbau des Staates. Und das Mantra der Wettbewerbsfähigkeit wird bis heute dazu genutzt, Arbeitsmärkte zu flexibilisieren und

Menschen in ungesicherte Verhältnisse zu treiben. Bei all den leeren Versprechen um »Freiheit und Wohlstand für alle« ging es in der Förderung neoliberaler Strukturen aber vor allem um eines: die bestehenden Machtkonstellationen zu bewahren und die Macht zum weltmarkorientierten Industriekapital und zu den Akteuren der Finanzmärkte zu verschieben – auch in der (Semi-)Peripherie.[53]

Neoliberale Lock-in-Effekte sind entstanden (eine Form der Institutionalisierung, die schwer zu ändern ist), die sich jetzt in der Krise bemerkbar machen und die schon vorher die herrschenden Interessen gesichert haben.[54] All das verwandelt sich langsam zu einem europäischen Krisenkonstitutionalismus.[55] Inzwischen hat sich der Neoliberalismus aber so weit in der Gesellschaft verfestigt, dass der problematische Kern, der die Krisen erst entstehen ließ und deren Auflösung verhindert – das unbedingte Streben nach Wirtschaftswachstum –, nie infrage gestellt wird. Seine angebliche Basis ist die Wettbewerbsfähigkeit um jeden Preis, und zwar durch Geldpolitik, begleitet von einem Abbau des sozialdemokratischen Wohlfahrtsstaates und einer Arbeitsreform.

Multiple Krise und interne Abwertung

Während es in Lateinamerika relativ hohe Zuwachsraten gab, als die Rohstoffpreise hoch waren, hat sich in Europa eine Krise eingestellt – in mehreren Phasen und nicht überall mit der gleichen Intensität.[56] Anfänglich löste diese Krise Unsicherheit und die Suche nach wirtschaftspolitischen Antworten aus, die sich am keynesianischen Modell der Wirtschaftspolitik orientierten, um Banken zu retten und Arbeitsplätze in wirtschaftlich wichtigen und gut organisierten Sektoren (wie zum Beispiel im Automobilbau) zu halten. Der Staat hat also durchaus – gegen das neoliberale und neoklassische Dogma – in der Krise interveniert. In Ländern wie Deutschland und

Österreich konnten die formulierten politischen Ziele eingehalten werden: die Industriesektoren beizubehalten und die Wettbewerbsfähigkeit ihrer Exportprodukte zu steigern.[57]

Die Wirtschaftspolitik, die die deutsche Regierung damals inspiriert hat, ist in Europa vorherrschend geworden. Seltsamerweise oder gerade deshalb zeigen sich die komplexesten Elemente der Krise nicht in diesem Land, sie verschieben sich auf andere Regionen. Der »Merkelismus« als Krisenmanagement prägte das Bild von Bundeskanzlerin Angela Merkel als einer Person, die über der Gesellschaft steht und in vielen Bereichen eine passive Haltung fördert: Wenn die Gesellschaft Forderungen stellt, nimmt die Regierung sie selektiv auf und verharmlost sie, um ihre politische Macht zu sichern – ein Prozess, den Sander (2015) »asymmetrische Demobilisierung« nennt.[58]

Die neoliberale Autoritätspolitik wurde auch in den stark verschuldeten Ländern Südeuropas durchgesetzt.

Die neoliberale Autoritätspolitik wurde auch in den stark verschuldeten Ländern Südeuropas durchgesetzt. Die deutsche Regierung und die Europäische Kommission wurden ihre wichtigsten Förderer. In diesem Zusammenhang entstand die sogenannte Troika, bestehend aus dem Internationalen Währungsfonds (IWF), der Europäischen Zentralbank und der EU-Kommission, mit dem Ziel, dass die Schuldenrückzahlung oberste Priorität hat.[59]

Es lohnt sich, sich daran zu erinnern, dass in der Europäischen Union in den 1990er-Jahren der Stabilitäts- und Wachstumspakt vereinbart wurde. Die Einführung des Europäischen Währungssystems – mit dem Euro im Zentrum – machte es den schwächeren Volkswirtschaften im Süden des Kontinents (zumindest vorübergehend) unmöglich, die Wettbewerbsfähigkeit ihrer Exporte durch Geldentwertung zu steigern. Seitdem bestand die Hauptstrategie darin, sich zu verschulden und »interne Geldentwertung« zu fördern,[60] also: niedrigere

Produktionskosten, niedrige Löhne und den Abbau der Sozialversicherung.

Damals liehen die stärker fortgeschrittenen Länder Nordeuropas den weniger fortgeschrittenen (Mittelmeer-)Ländern mit vollen Händen Geld, was dazu diente, dass sie ihnen massenweise Waren abkauften. Die Schulden der Südländer erhöhten sich exponentiell, bis sie platzten. Und nun wird ihnen der angeblich exorbitante Konsum angekreidet. Deutschland, Österreich, die Niederlande und andere gewannen auf beiden Seiten: Sie vergaben Kredite an Südländer zu relativ niedrigen Zinsen, dennoch verdienten sie an der Tilgung und verkauften weiterhin ihre Waren in den Süden; ein Zeichen für eine neue Art des ungleichen Tauschs – Griechenland ist dabei der dramatischste Fall.

Im Rahmen des europäischen Stabilitäts- und Wachstumspakts wurden für 2011 die Maßnahmen »Sixpack« und »Euro-Plus-Pakt« beschlossen, die unter anderem die Finanzmärkte stärker regulieren sollten.[61] Allerdings hat diese Politik dazu geführt, dass die meisten europäischen Länder noch mehr Schulden machten, um Banken zu retten. Zudem kam es zu einer Senkung der Löhne und einer noch größeren Deregulierung der Arbeitsmärkte; das heißt, all die für den Wettbewerb, das Wachstum und die Stabilisierung des Kapitalismus gewünschten Effekte wurden verstärkt. Kurz gesagt: Während die Finanz- und Bankenkrise zu einer Krise der Verschuldung der Staaten wurde, haben diese die Entscheidung begünstigt, indem sie das Gewicht auf die Schultern der Beschäftigten, RentnerInnen und anderer armer Bevölkerungsgruppen der europäischen Gesellschaften abluden, natürlich mit viel stärkeren Auswirkungen in den Ländern Südeuropas, besonders Portugal, Spanien und Griechenland.[62]

Der treibende Motor der europäischen Anstrengungen, der Krise zu begegnen, war, die Akkumulation des Kapitals zu garantieren und zu vertiefen, mit der starken Tendenz, die Märkte zu liberalisieren, zu privatisieren und zu deregulieren.

Gerade in der Krise ist die Zentrum-Peripherie-Struktur der Europäischen Union auch an den Machtverhältnissen zu beobachten: In einer Schuldenkrise, die auch in Lateinamerika nur allzu bekannt ist, werden dem Zentrum Sachen verziehen bzw. kann sich dieses Konsequenzen entziehen, die der Peripherie hart geahndet werden – der Fall Griechenlands ist dafür paradigmatisch.

Zwar gibt es politische Veränderungen, die Entwicklungen etwa in Griechenland (Syriza hält sich an der Regierung trotz aller Probleme) und Portugal (eine von Linksblock und KommunistInnen unterstützte sozialistische Minderheitsregierung) und auf lokaler und regionaler Ebene in Spanien (linke Regierungen in Barcelona und Madrid, die Politisierung in Katalonien) beeinflusst haben. Doch bis jetzt werden weder die Machtkonstellationen der Troika noch die äußeren ökonomischen und politischen Zwänge irgendeiner Alternative infrage gestellt – wenn wir den Brexit und andere Absichten, sich von der Europäischen Union zu trennen, beiseitelassen (Schneider 2017). Dabei wäre gerade dieses gründliche Infragestellen der neoliberalen und autoritären EU-Politik die Grundvoraussetzung, um zu einer anderen Politik zu gelangen, die die Krise wirklich angehen will und die einen langfristigen Horizont hat. So ein Nachdenken impliziert den Aufbau eines strategischen Konzepts mit größeren öffentlichen Investitionen in sozial-ökologische Sektoren, Umverteilungspolitik von oben nach unten, Ausbremsen der Finanzialisierung, Politiken gegen Prekarisierung, Einführung neuer Arbeitszeitpolitik und vieles mehr.

Ein gründliches Infragestellen der neoliberalen und autoritären EU-Politik ist nötig.

Das Problem in Europa sind nicht die Schulden und nicht allein der Euro. Die Probleme haben einerseits mit dem freien Kapitalverkehr tun, der es den mächtigen Finanzakteuren ermöglicht, gegen jede sozial und ökologisch orientierte Regierung zu handeln; auf der anderen Seite mit der Deindustrialisierung bestimmter Regionen und der Superindustrialisierung anderer, was Ungleichheit und Abhängigkeit verursacht. Dazu kommt die Unfähigkeit, externe ökonomische Zwänge zu überwinden, um der Macht des transnationalen Kapitals zu begegnen, verbunden mit den bestehenden nationalen Machtverhältnissen. Darüber hinaus bevorzugen Gewerkschaften in wirtschaftlich starken Ländern wie Deutschland oder Österreich einen Korporatismus der Wettbewerbsfähigkeit auf Kosten anderer Regionen und anderer Arbeitnehmer. In Österreich wird es ab 2018 spannend werden, wie Gewerkschaften, Arbeiterkammer und die Beschäftigten selbst auf die Angriffe der rechtsextremen Regierung reagieren werden.

In diesem Sinne sind die aktuellen Diskussionen innerhalb der Linken um einen Plan A (die Demokratisierung der Europäischen Union) oder Plan B (Austritt aus dem Euro[63] oder sogar aus der Europäischen Union) unzureichend, solange sie diese strukturellen Beschränkungen nicht berücksichtigen.[64] Bei dem Referendum für den Brexit in Großbritannien stellten wir fest, dass dieses Thema von den konservativsten Kräften gefördert wird, obwohl auch die Austrittsvorschläge einiger Linker nicht ignoriert werden dürfen.

Bisher bedeutet »Stabilität« in Europa die Stabilisierung der Preise und die Sicherung der herrschenden Unternehmen, aber auch ein Vertiefen neoliberaler Politik. Wenn das Transatlantische Freihandelsabkommen (TTIP) beschlossen wird, werden sich diese Bestrebungen verfestigen. Aufgrund all dieser Punkte können wir durchaus von einer Krise der Hegemonie des Neoliberalismus sprechen:

> [D]ie Fähigkeit des neoliberalen Entwicklungsmodells, weite Teile der Bevölkerung zu erreichen und zu überzeugen, verblasst zunehmend. Die zentralen im Rahmen der Europäischen Union durchgesetzten neoliberalen Projekte, eine monetaristisch ausgestaltete Wirtschafts- und Währungsunion, die Liberalisierung der Märkte einschließlich jener für Finanzprodukte und die periphere Integration von Süd- und Ostereuropa, haben massiv an Ausstrahlungskraft verloren.[65]

Ein Aspekt ist hier von grundlegender Bedeutung: Die Krise geht über die erläuterte Finanz- und Wirtschaftskrise weit hinaus. Wir haben es mit einer multiplen Krise zu tun: Zusätzlich zur ökonomischen gibt es nicht nur die sozial-ökologische Krise, sondern auch eine anhaltende Reproduktionskrise (vor allem im Zusammenhang mit der Arbeitsteilung zwischen Männern und Frauen). Und wegen der Tendenz zur autoritären Politik und dazu, die Repräsentation der Interessen der Lohnabhängigen zu schwächen, durchschreitet auch die parlamentarische Demokratie sehr schwierige Momente.

Diese kritische Situation der politischen Repräsentation manifestiert sich in mehreren europäischen Ländern im Aufstieg nationalistischer und rechtsextremer politischer Parteien. Allerdings ist dabei interessant, dass bei den Europawahlen im Jahr 2014 »in den Ländern, in denen sich die politischen Parteien glaubwürdig verpflichten, sich für eine kohärente progressive Wirtschaftspolitik einzusetzen, die Zunahme der extrem Rechten minimal war«.[66] Die Wahlen in Portugal im Oktober 2015 und in Griechenland im Januar 2015 bestätigen dieses Phänomen – obwohl sich die griechische Regierung später von dem, was man als »kohärente progressive Politik« bezeichnen würde, entfernt hat. Das zeigt, dass bei diesem Referendum, das gewonnen und doch nicht erfüllt wurde, das, was zählte, nicht der Volkswille der Peripherie war, sondern der der Eliten des Zentrums, symbolisiert in der Euro-Gruppe.

Im Allgemeinen blockiert der Umgang mit der Krise in Europa die Möglichkeiten, sie zu überwinden. Die Autoritätspolitik ist keine solide Lösung, aber *de facto* hat sich in Europa in den letzten Jahren eine Art »autoritäre Wettbewerbsstaatlichkeit« herausgebildet.[67]

Seit Mitte 2015 hat sich zu dieser komplexen und kritischen europäischen Situation ein neuer Aspekt dazugesellt, der seither alle politischen und gesellschaftlichen Diskussionen und Praktiken in Europa dominiert: die Ankunft von Geflüchteten und Vertriebenen aus dem Nahen Osten und vom afrikanischen Kontinent. Im Jahr 2016 haben 1,3 Millionen Geflüchtete in den Ländern der Europäischen Union Asyl beantragt (480.000 davon in Deutschland). Fast eine Million überquerte das Mittelmeer, 850.000 von ihnen kamen über Griechenland.

Der Umgang mit der Krise blockiert die Möglichkeiten, sie zu überwinden.

Nach einer riesigen Solidaritätswelle in vielen Ländern, die die Regierungen zu einer sehr offenen Position zwang (die berühmte Willkommenskultur), hat sich die Situation Anfang 2016 verändert. Schon vorher hatten extrem rechte Regierungen wie die Polens und Ungarns versucht, die Situation auszunutzen, indem sie den bedrohlichen »Anderen« (den Migranten) schufen, um ihre Basis zu festigen. Nun verstärkt sich dieser fremdenfeindliche Trend auch in mehr oder weniger offenen Ländern wie Deutschland, Österreich und Schweden. Einer der Gründe ist die verallgemeinerte Angst, die verstärkt wurde durch die Ergebnisse der neoliberalen Polarisationspolitik, die Arbeitslosigkeit, die Prekarisierung und das Misstrauen vor allem Neuen sowie die Angst, dass Flüchtlinge zu möglichen Konkurrenten auf dem Arbeitsmarkt oder zu einer Belastung für die öffentlichen Geldkassen, das Wohnungswesen oder soziale Leistungen werden können. Hinzu kommt die potenzielle Bedrohung durch terroristische Anschläge, die in der Regel als exogenes Problem dargestellt wird mit den Geflüchteten als deren direkten Akteuren.

Angst ist ein Element, das die Möglichkeiten emanzipatorischer sozial-ökologischer Transformationen kompliziert macht. Diese Angst vor dem (wie auch immer verstandenen und konstruierten) »Fremden« und »Anderen« kann der Ursprung für eine Erneuerung des Konservatismus oder sogar des Faschismus sein, wie man an der Geschichte sieht.

Die Regierungen schränken zunehmend nicht nur das Recht auf politisches Asyl und den Zugang zu sozialer Infrastruktur und zur Befriedigung der Grundbedürfnisse ein, sie fördern auch neoliberale Kürzungen in Sozialsystemen. In Österreich beispielsweise findet ein offener Angriff auf das Rentensystem statt, ausgehend von den neoliberal-konservativen Rechten in Koalition mit der extremen Rechten. Das wird den fremdenfeindlichen Trend noch verschärfen.

Kurzum, beim Thema der Flüchtlingsbewegung wird eine historische Gelegenheit verpasst, die europäischen Gesellschaften und ihre Produktions- und Lebensweisen zu überdenken. Es gibt keine klaren Anzeichen dafür, dass Europa bereit wäre, Menschen zu integrieren, die durch Kriege und koloniales Erbe, für die auch die europäischen Länder Verantwortung tragen, gezwungen waren, ihr altes Leben zurückzulassen.

Eine weitere Dimension der Krise – wenn auch in vielerlei Hinsicht wegen der Externalisierungsmaßnahmen in Europa nicht so sichtbar wie in anderen Teilen der Welt – ist die anhaltende ökologische Krise, die Ausdruck einer tief verankerten und sich im globalen Süden ausbreitenden imperialen Lebensweise ist. Auf die Krise und ihre Ursachen gehen wir weiter unten noch genauer ein. In diesem Bereich ist auch eine Krise des Krisenmanagements offensichtlich: Die Maßnahmen, die auf der Konferenz über Umwelt und Entwicklung 1992 in Rio de Janeiro beschlossen wurden, wurden nie im benötigten Maße umgesetzt. Die Übereinkunft über biologische Vielfalt und zum Klimawandel forderte die Regierungen auf, einen Rahmen zu schaffen, in dem sich die sozialen und wirtschaftlichen Akteure an Nachhaltigkeit orientieren. Es wurde gehofft, dass Unternehmen und Konsumenten, aber auch indigene Völker sich auf die grundlegenden Konzepte der Übereinkunft über biologische Vielfalt einstellen. Diese Bestrebungen wurden beiseitegefegt, als Wachstum und die neuen Technologien als Möglichkeit auftauchten, der ökologischen Krise zu begegnen. Das Kyoto-Protokoll der Klimarahmenkonvention von 1997 mit konkreten Zielen zur Verringerung der Treibhausgasemissionen sah für den Fall der Verletzung seiner Vereinbarungen nicht einmal Sanktionsinstrumente vor. Die nichtnachhaltigen Dynamiken und Interessen, die aus der imperialen Lebensweise der westlichen Länder stammen, wurden unterschätzt, wie wir später noch zeigen werden, obwohl sie die neoliberale Logik entfesselt haben, die Natur immer mehr zu verdinglichen und zu vermarkten.

1992 war der spektakuläre Aufstieg der Schwellenländer, der Mitte der 1990er-Jahre begann, mit seinen Implikationen für die Nutzung der natürlichen Ressourcen, Ökosysteme und ihre Resilienzfähigkeit nicht absehbar. Der größte Fehler dieses »globalen Ressourcenmanagements«[68] war, nicht zu versuchen, die Produktions- und Lebensweise grundlegend zu verändern. Im Gegenteil, es wird immer noch gehofft, dass durch die ökologische Modernisierung alle Probleme gelöst werden können. Das Kapital und die kapitalistischen Dynamiken werden nicht als Problem gesehen, sondern als Lösung, gar als Motor des Wandels.

Wie wir ab Seite 81 zeigen werden, blieb auch auf der 21. Klimakonferenz (COP 21) Ende 2015 in Paris und ihren Folgekonferenzen in Marrakesch 2016 und Bonn 2017 diese dominante Position der Vermarktung und Verdinglichung der Natur bestehen.

Wir sehen also, dass die Krise in der Tat eine multiple ist. Sie betrifft die Wirtschaft, die Politik, die Gesellschaft und sogar die Kultur. Das sollte nicht überraschen. Ist es nicht die Expansion ad infinitum des Kapitalismus, die – auch durch Kriege – diese Zivilisationskrise hervorgebracht hat? Ist der Kapitalismus selbst nicht die Ursache seiner Krisen, und wird er auch sein eigenes Ende hervorbringen? Und wird dieses Ende uns zu einer planetarischen Katastrophe führen: dem Ende der Menschheit?

Die Expansion des Kapitalismus hat die momentane Zivilisationskrise hervorgebracht.

Die Situation ist so kompliziert, dass sie sogar Verschiebungen zwischen den verschiedenen Dimensionen der Krise erzeugen kann: Die Wirtschaftskrise wird teilweise bearbeitet, aber um den Preis einer intensiveren Naturzerstörung; die Arbeitslosigkeit wird dadurch gesenkt, dass Frauen wieder verstärkt »Hausfrauen« sind und aus dem Erwerbsleben herausgedrängt werden.

Stabilisierung des Kapitalismus durch die imperiale Lebensweise

Die Lebensweise des globalen Nordens ist imperial, da sie – abgesichert durch politische, rechtliche oder gewalttätige Mittel und angeschoben durch die Interessen des Kapitals in seiner Akkumulation – einen uneingeschränkten Zugang zu natürlichen Ressourcen, territorialem Raum, Arbeitskräften und Senkenbelastung *(pollution sinks)* an einem anderen Ort voraussetzt. Das Produktions- und Wohlstandswachstum der Metropolen basierte lange Zeit auf einer für sie sehr vorteilhaften globalen Ordnung der Ressourcen.[69] Dies erlaubte die Entstehung von Großmächten globaler Reichweite, die sich imperiale Lebensweisen aneignen konnten.

Die Lebensweise des globalen Nordens ist imperial.

Die imperiale Lebensweise war bereits Teil der Kolonisierung seit dem 16. Jahrhundert und auch des weltkapitalistischen Systems des 19. Jahrhunderts. Aber damals beschränkten sie sich auf die Oberklassen. Sie wurde nicht hegemonial, denn sie bestimmte nicht die Reproduktion der Mehrheit der Bevölkerung und ihre täglichen Praktiken. Erst in der zweiten Hälfte des 20. Jahrhunderts hat sich die imperiale Lebensweise im täglichen Leben der Menschen im globalen Norden festgesetzt: Autos, Fleischkonsum, Industrieprodukte, Einfamilienhäuser etc.[70] Allmählich breitete sich diese Lebensweise als Strukturmuster – in der konkreten Ausformung natürlich mit enormen Unterschieden – auch im globalen Süden aus und auch dort zunehmend nicht nur unter den dominanten Eliten. Die Anziehungskraft, die die imperiale Lebensweise auf die Mittelschichten ausübt, ist auch eine Ursache für die Hegemonie des Extraktivismus, solange dieser impliziert, die Ressourcen zur Finanzierung solcher Lebensweisen zu erhalten.

Das immense vom Kapitalismus angetriebene Wirtschaftswachstum brachte die Ausbeutung fossiler natürlicher Ressourcen in großem Maßstab mit, wie Kohle und später Öl sowie die Nutzung der globalen Senken wie der Ozeane oder Wälder. Wichtig war, dass es auf den globalen Märkten für mineralische Rohstoffe und landwirtschaftliche Produkte einen ständigen Überschuss an billigen natürlichen Ressourcen gab. Die militärische und politische Dominanz der verschiedenen imperialen Staaten des Westens und die Konkurrenz zwischen ihnen schufen eine Konstellation relativer Stabilität auf der weltpolitischen Ebene, die durch permanente Konflikte hindurch immer wieder neu justiert werden musste. Das zeigte sich etwa am konfliktreichen Zugang zu billigen natürlichen Ressourcen wie Erdöl.

Im Globalisierungsprozess wurde die imperiale Lebensweise in zwei Richtungen konsolidiert.[71] Einerseits wurde die

Ausbeutung der globalen natürlichen Ressourcen und der Arbeitskraft durch den Weltmarkt strukturiert und intensiviert. So überdauerten die Produktions- und Konsummuster, die auf fossilen Brennstoffen basierten, nicht nur die Wirtschaftskrise der 1970er-Jahre, sondern sie verfestigten sich. Auf der anderen Seite wuchsen der Luftverkehr infolge seiner Liberalisierung und die Containerschifffahrt dramatisch. Die Globalisierung erhöhte auch die Verfügbarkeit von billigen industriellen Produkten und erweiterte die industrialisierte Landwirtschaft. Ebenso bildeten sich in Ländern wie China, Brasilien oder Indien eine breite mittlere und Oberschicht, die westliche Lebensweisen kopierten.

Die Vertiefung und globale Ausweitung der imperialen Lebensweise, das heißt die Aufrechterhaltung des Status quo, erscheint in Momenten der relativen Stabilisierung und des passiven Konsenses breiter Bevölkerungsschichten wie dem gegenwärtigen möglich.[72]

Indem wir die fordistischen und postfordistischen Lebensweisen als »imperial« bezeichnen, verleugnen wir nicht die mächtigen Strukturen offener oder struktureller Gewalt vor allem in den Ländern des globalen Südens, aber auch zunehmend im Norden, die vor allem nach dem 11. September 2001 auftraten. Es geht uns auch nicht um eine Moralisierung oder einen Vorwurf an die Konsumgewohnheiten und die Lebensweise der Lohnabhängigen der kapitalistischen Metropolen und der mittleren und oberen Schichten in den (semi-)peripheren Ländern. Die Lücken zwischen Nord und Süd, zwischen Oben und Unten, zwischen Ausbeutern und Ausgebeuteten, zwischen Männern und Frauen bestehen fort und reproduzieren sich auf eine besondere Weise durch die massive Ressourcennutzung. Allerdings halten wir es für angemessen, den Begriff »imperiale Lebensweise« zu benutzen, um eine Beziehung aufzuzeigen zwischen allgemein akzeptierten täglichen Lebenspraktiken, der ökologischen Krise, der wachsenden sozialen Schere und den zunehmenden, offen imperialen Spannungen im internationalen Kontext, markiert von einer multiplen strukturellen Gewalt, die immer explosiver wird.

Das Konzept der imperialen Lebensweise muss zudem auf weiteren Ebenen präzisiert werden. Wir müssen zum Beispiel analysieren, welche imperialen Proportionen die Herrschaftsformen in Bezug auf Klasse, Geschlecht und Ethnie haben und welches die Widersprüche sind, die sich aus diesen Formen ergeben. Es ist auch wichtig, die imperiale Lebensweise nicht allein auf den Konsum zu beschränken, sondern sie breiter zu sehen, um zu verstehen, wie die Menschen mit den vielen Widersprüchen umgehen, die ihr Leben ausmachen. Mit dem Konzept der imperialen Lebensweise wird keineswegs beabsichtigt, außer Acht zu lassen, dass der Kapitalismus durch die Wertschöpfungsketten und ihre Fokussierung auf den ökonomischen Nutzen die Menschen heute praktisch zwingt, einen bestimmten Lebensstil zu führen und bestimmte Produktions- und Vertriebssysteme von Waren und Dienstleistungen zu akzeptieren.

Wichtiger ist es, darauf hinzuweisen, dass es gegenwärtig viele Alternativen gibt, die mit den Forderungen der vorherrschenden Lebensformen brechen wollen. Und schließlich ist es unentbehrlich, im Detail zu betrachten, ob die Brüche, die die gegenwärtige Krise erzeugt, größer sind als bisher angenommen.

Es gibt viele Alternativen, die mit der imperialen Lebensweise brechen wollen.

Dieser Aspekt ist für die gegenwärtige Konstellation wichtig, da die Normalität der imperialen Lebensweise als Filter für die Wahrnehmung und den Umgang mit der Krise wirkt. Beispielsweise wird zumindest im globalen Norden die ökologische Krise meist als Umweltproblem und nicht als ganzheitliche soziale Krise gesehen. Dies führt dazu, dass im

Krisenmanagement weiterhin die Marktmodelle dominieren (wie beispielsweise alles, was die sogenannte grüne Ökonomie betrifft, die die Tür zum Emissionshandel in der Klimapolitik öffnet). Jene, die eine ökologische Modernisierung verteidigen oder einen *green new deal* oder eine grüne Ökonomie, hinterfragen die Situation nicht wirklich.[73]

Globale Müllberge

Wir kommen zu einem Punkt, der den Extraktivismus im globalen Süden und auch die europäische Krise übersteigt. Infolge des Wachstums und der Kapitalakkumulation wird die globale Umweltverschmutzung zunehmend größer und sichtbarer, vor allem durch die Zunahme aller Arten von Abfall und Müll. Dieser Punkt wird in den Diskussionen oft unterschätzt, obwohl er geradezu paradigmatisch die vielfältigen Probleme aufzeigt.

In den Gebieten des Extraktivismus ist das Ausmaß an Zerstörung und Verschmutzung bereits ungeheuerlich. Ein Beispiel: Kupfer wird durch chemische Prozesse gewonnen. Um im Jahr 2015 in Chile etwa 5,8 Millionen Tonnen Kupfer zu gewinnen, wurden zwischen 700 und 800 Millionen Tonnen stark verseuchte Reststoffe und Abfälle produziert.[74]
Diese unvorstellbare Menge an Abfall wird in großen Trümmerbergen oder in riesigen verunreinigten Abfallteichen deponiert, viele von ihnen haben keinen Besitzer. Die Unternehmen übernehmen nicht die Verantwortung für den Abfall, seine Last liegt dann Jahrzehnte oder Jahrhunderte in den Ländern des globalen Südens.

Diese Abfallproduktion, die auch auf Überproduktion und Unterkonsum von Gütern basiert, gehört zum Motor des Kapitalismus. Und auch wenn es paradox klingt, Abfälle und Müll sind ebenfalls Gegenstände der Kapitalakkumulation. Die Geschäftsmöglichkeiten bei den Wiederverwendungs- oder Recyclingprozessen von Rohstoffen oder sogar bei der Müllverbrennung sind enorm; es genügt, die Vielfalt der Unternehmen in diesem Bereich zu betrachten, die meistens wenig mit der nachhaltigen Nutzung solcher Abfälle zu tun haben. Diese Unternehmen unterwerfen Menschen und Gebiete sehr oft direkt oder indirekt extrem prekären Bedingungen. Es sind oft illegale Unternehmen, die eine Art kriminelle Wirtschaft betreiben, sowohl was die gesundheitlichen Bedingungen als auch den Einsatz von Gewalt angeht. Durch die Gesetzlosigkeit stehen auch die Türen für Menschenhandel, Kinderarbeit, unmenschliche Arbeitsbedingungen etc. offen.

Die globalen Müllberge zeigen geradezu paradigmatisch die vorherrschenden Probleme.

Dreh- und Angelpunkt dieses Prozesses – das darf nicht vergessen werden – ist der Druck, ein unaufhörliches Wirtschaftswachstum zu gewährleisten, angetrieben von der Dynamik scheinbar endloser Kapitalakkumulation. Ein den gesamten Globus erfassendes Beispiel, wie der Abfall sich in Geschäft verwandelt, kommt aus der Verarbeitung fossiler Brennstoffe. Diese können nicht weiter verbraucht werden, wenn die Atmosphäre nicht weiter karbonisiert werden soll. Doch statt die Produktion und den Verbrauch aufgrund dieser Einsicht zu reduzieren, ist ein neuer Geschäftsbereich um den CO_2-Abfall entstanden: der Kohlenstoffmarkt.[75]

Was bedeutet Abfall in der Welt, in der wir leben? Jürgen Schuldt spricht von »der Abfallzivilisation«, er deutet auf die Geld- und Warenverschwendung in den Produktions-, Konsum- und Handelsprozessen hin. Mehr noch, er spricht von »den ernsten ökonomischen, psychologischen, gesellschaftspolitischen, kulturellen, ökologischen und ethischen Konsequenzen« der systematischen und exzessiven Abfallproduktion.[76]

Der Planet wird als unerschöpfliches Reservoir von Materialgütern angesehen. Das ist eine der Botschaften des kapitalistischen Wirtschaftsmodells. Diese Schlussfolgerung lässt sich auch aus der kritischen Lektüre des Marketings und der massiven und entfremdenden Werbung ziehen, die von der Psychoökonomie analysiert wird. Deren Erkenntnisse zeigen, dass die Werbung den Konsum und sein zweites Gesicht, den Abfall, massiv fördern. Es scheint, dass wir nicht verstanden haben, dass die Welt biophysikalische Grenzen hat, die bereits überschritten wurden, und dass eine Weltgesellschaft, in der alle Mitglieder so konsumieren können wie heute die Eliten, unmöglich ist.

Der Planet wird als unerschöpfliches Reservoir von Materialgütern angesehen.

Schuldt geht davon aus, dass ein Großteil dieses übermäßigen und wachsenden Abfalls vermeidbar wäre. Wir leben in einer empörenden Situation, sagt er, »in einer globalisierten Welt, in der übertriebene Fülle und extreme Knappheit, unermesslicher Reichtum und starke Armut koexistieren«.[77] Knapp 1 Prozent der Weltbevölkerung besitzt laut Oxfam-Studie mehr Reichtum als die restlichen 99 Prozent.[78] Im Jahr 2015 besaßen nur 62 Menschen genauso viel wie 3,6 Milliarden (die ärmste Hälfte der Menschheit). In nur fünf Jahren stieg der Reichtum der 62 reichsten Menschen in der Welt um 44 Prozent an, während der Reichtum in den Händen der ärmsten Hälfte des Planeten um 41 Prozent sank. Im Jahr 2016 waren es nur noch 8 Menschen, deren Vermögen sich auf über 426 Milliarden Dollar summiert hat und damit auf einen Wert, der über demjenigen liegt, den die ärmere Hälfte der Menschheit besitzt – alles Männer, unter ihnen Bill Gates, Mark Zuckerberg und Warren Buffett.[79]

Spannungen über begrenzte Ressourcen sind eine noch empörendere Sache, wenn wir sehen, wie die geplante Obsoleszenz vieler Produkte funktioniert: Ihre Nutzungsdauer ist vorgegeben, um eine zunehmende Geschwindigkeit in den Vermarktungszyklen zu gewährleisten, was immer mehr Materialien verschlingt. Ebenso gravierend ist die zunehmende Nutzlosigkeit einiger Waren, wie etwa viele Funktionen von Smartphones – dass die in diesen Kommunikationsgeräten verfügbare (und durch Rohstoffe teuer bezahlte) Technologie voll ausgenutzt würde, ist völlig unrealistisch.

Die konsumistische und zerstörerische Lebensweise, die bei den Eliten des Nordens und des Südens vorkommt und Milliarden von Menschen steuert, gefährdet das globale ökologische Gleichgewicht und enthält immer größeren Menschenmassen die (vermeintlichen) Vorteile des ersehnten Fortschritts vor. Laut der Ernährungs- und Landwirtschaftsorganisation der Vereinten Nationen (FAO)[80] gehen in einer Welt, in der Fettleibigkeit und Hunger koexistieren, über 1,3 Milliarden Tonnen genießbarer Lebensmittel pro Jahr verloren, die drei Milliarden Menschen ernähren könnten. Der Abfall verteilt sich überraschenderweise ziemlich gleichmäßig: 670 Millionen Tonnen fallen im globalen Norden und 630 Millionen im globalen Süden an, einschließlich der ärmsten Länder der Welt.

Die konsumistische und zerstörerische Lebensweise gefährdet das ökologische Gleichgewicht.

Die Gründe für diese globale Verschwendung sind vielfältig. Beispielsweise unterstehen 70 Prozent des Getreides, das in der Welt gehandelt wird, der Spekulationslogik. Lebensmittel werden zudem oft für Autos und nicht für Menschen produziert, wie die Agro- oder Biokraftstoffe. In Indien führen die Profitorientierung und eine schlechte Infrastruktur aufgrund mangelhafter Gemeindepolitik dazu, dass ein Drittel der Lebensmittel verderben, bevor sie die Verbraucher erreichen.

Zudem wird immer mehr Land für die monokulturbasierte Landwirtschaft genutzt, was zu einer schnelleren Abnahme der biologischen Vielfalt führt. Gentechnisch veränderte Organismen (GVO) und die damit verbundenen Herbizide und Pestizide tun das Ihre. All das hat seit Beginn des 20. Jahrhunderts zum Verlust von 75 Prozent der genetischen Vielfalt der Pflanzen geführt. Gegenwärtig sind nach Angaben des deutschen Bundesministeriums für Landwirtschaft 30 Prozent der Pflanzen vom Aussterben bedroht. Während 75 Prozent der Weltnahrung durch zwölf Pflanzen- und fünf Tierarten gesichert ist, tragen nur drei Arten – Reis, Mais und Weizen – etwa 60 Prozent der Kalorien und Proteine bei, die die Menschen aus Pflanzen gewinnen. Nur 4 Prozent der 250.000–300.000 Pflanzenarten werden vom Menschen genutzt. Laut Maristella Svampa[81] wurden in Argentinien inzwischen 22 Millionen Hektar der 33 Millionen für die Landwirtschaft vorhandenen Hektar in transgene Sojabohnenkulturen umgewandelt. Das ist das Szenario: Während Milliarden Menschen in der Welt hungern, konzentrieren die großen transnationalen Lebensmittelgroßkonzerne wie Monsanto weiterhin ihre Macht, indem sie das Saatgut kontrollieren.

Das Wasser als Naturerbe ist ebenfalls in Gefahr. Jürgen Schuldt[82] zeigt die Verschwendung von Wasser:

> [...] die traurig bekannte übertriebene Verwendung von Wasser, bei der Leitungen oder Rohre nicht nur tropfen, weil sie löchrig sind, sondern weil sie ein Spiegelbild der Haltung vieler Menschen sind, die das Wasser zu viel laufen lassen, um den Garten zu bewässern und die Kleidung zu waschen, um Utensilien oder sich selbst zu waschen. Es ist offensichtlich, dass ein bestimmter Teil unbedingt verloren gehen muss, obwohl es Fälle gibt, in denen er wiederverwendet werden kann. [...] Es wird geschätzt, dass 85 Prozent des Wassers für den heimischen Gebrauch weltweit verschwendet werden. In Peru hat 30 Prozent der Bevölkerung keinen Zugang zu Wasser, während 40 Prozent verschwendet werden (bei einem globalen »zulässigen« Standard von 20 Prozent), weil die Leitungen nicht gewartet werden; und die größte Frechheit ist, dass diejenigen, die in besseren Wohngebieten leben, 3,20 Sol pro Kubikmeter zahlen, während sich in Slums die Kosten auf 33 Sol belaufen (ohne Garantie, dass es »trinkbar« ist).

Hinzu kommen noch andere wirklich unhaltbare und nicht zu tolerierende Verschwendungen. Vor allem im Bereich der Industrie sind der Wasserverbrauch extrem hoch und die Verschwendung gigantisch. Die Verschwendung, die durch die schlechten Verteilungssysteme entsteht, muss ebenfalls berücksichtigt werden. Extraktive Aktivitäten – Bergbau, Erdöl, Monokulturen – sind verantwortlich für die schlimmsten Formen der systematischen Wasserverschwendung durch großflächige Verunreinigung von Oberflächen- und Grundwasser (zu denen massive Luft- und Bodenverschmutzung hinzugefügt werden müssen).

Was mit den Lebensmitteln und dem Wasser passiert, geschieht auch mit Medikamenten, Energie, Kleidung, Papier, Kunststoff, elektronischen Produkten, Fahrzeugen, Gebäuden aller Art, Töpfen und Pfannen.[83]

Jenseits des Begriffs der Verschwendung, der weitestgehend mit demjenigen des Kapitalismus übereinstimmt, verdeutlicht das Konzept des Abfalls den Bruch der Beziehungen zwischen der menschlichen Gesellschaft und der Natur. Dieser Bruch wurde mit der Industrialisierung zu einem großen Problem, und heute ist es noch schlimmer. Heutzutage sind zum Beispiel elektronische Geräte nach kurzer Zeit bereits veraltet, was für die Umwelt besonders belastend ist:

> [...] elektronischer Abfall enthält Schwermetalle und anhaltende toxische Chemikalien, die in der Umwelt nicht leicht abgebaut werden, unter ihnen: Blei, Quecksilber, Beryllium und Cadmium. Da diese Geräte mit solchen Stoffen gebaut wurden, können sie nicht umweltgerecht entsorgt oder recycelt werden.[84]

Das Problem liegt in der unaufhaltsamen Störung der metabolischen Prozesse. Fossile Brennstoffe und die gesamte sozioökonomisch-politisch-kulturelle Organisation um sie herum spielen aufgrund des Anstiegs nicht biologisch abbaubarer Abfälle eine zentrale Rolle. Müllansammlung ändert nicht nur die

Chemie des Planeten, sondern auch seine Formen: Berge von Müll und Müllinseln entstehen. Es wird bereits vom »achten Kontinent« oder der »Deponie des Nordpazifiks« gesprochen.[85]

Schuldt[86] reflektiert über die Ursachen der Abfälle und hat viele wichtige Lösungsvorschläge auf lokaler, nationaler und globaler Ebene. Auf diese Vorschläge können wir an dieser Stelle nicht explizit eingehen, weil sie den Umfang dieses Buches sprengen würden. In seinen Schriften listet Schuldt Möglichkeiten auf,

> [...] neue Formen der Koexistenz zwischen Mensch und Natur aus der Perspektive der spezifischen Dynamik der gegenwärtigen Zivilisation zu finden, die weder die axiologischen und existenziellen Bedürfnisse des Menschen abdeckt noch ihre Fähigkeiten und Verwirklichungen verstärkt und zudem die Naturrechte, auf einem zunehmend engen, überbelasteten und verunreinigten Planeten nicht respektiert.[87]

Folgen des Pariser Klimagipfels 2015

Wir möchten zum Schluss unserer Gesellschaftsdiagnose, die Teil der Debatten um Degrowth und Post-Extraktivismus bzw. »Buen Vivir« ist, auf jüngere politische Entwicklungen eingehen, in die viele Hoffnungen gesetzt werden, nämlich die internationale Klimapolitik. Wir könnten das mit einem verwandten Feld verbinden, nämlich den im September 2015 verabschiedeten siebzehn Zielen für nachhaltige Entwicklung *(Sustainable Development Goals)* der Vereinten Nationen, verzichten darauf aber aus Platzgründen. Unsere Einschätzungen dazu würden ähnlich lauten.

Zweifellos ist der Kampf gegen den Klimawandel für viele Menschen und viele betroffene Regionen und mittelfristig für einen Großteil der Weltbevölkerung und verschiedene Arten langfristig von entscheidender Bedeutung – vielleicht sogar für alle Menschen auf dem Planeten. Der Klimawandel ist eine direkte Auswirkung des industriellen Kapitalismus (und des real existierenden Sozialismus, der auch die Natur dominieren und ausbeuten wollte), die auf der Verbrennung fossiler Rohstoffe beruht, wie auch der imperialen Lebensweise. Daher sollte es ein Kernanliegen aller Länder sein, den Klimawandel zu stoppen. Eigentlich sollten wir auch eher von »Klimaerhitzung« sprechen oder von »Selbstverbrennung«[88], denn »Klimawandel« hört sich harmlos, »Klimaerwärmung« fast positiv an.

Der Klimawandel ist eine direkte Auswirkung des industriellen Kapitalismus.

Im Jahr 1992 wurde ein erster wichtiger politischer Schritt unternommen, indem das Rahmenabkommen der Vereinten Nationen über den Klimawandel unterzeichnet wurde, das – nach der Ratifizierung durch eine Mindestanzahl von Ländern – 1994 in Kraft trat. Im Kyoto-Protokoll von 1997 stimmten die Regierungen dann zu, die globalen Emissionen zwischen 1990 und der Periode 2008 bis 2012 um 5,2 Prozent zu senken. Die Reduktion von sechs Treibhausgasen musste in den 41 Industrieländern stattfinden, wobei in Erwägung gezogen wurde, dass die Entwicklungsländer ihre Emissionen noch erhöhen könnten.

Was uns nun interessiert, ist, ob die letzten Verhandlungen den Problemen auf Augenhöhe begegnen. Welches sind die globalen Beschlüsse, um die Herausforderungen des Klimawandels zu bewältigen; wie ist man vor allem 2015 auf der COP 21 weitergekommen? Was wurde auf diesem Gipfel erreicht? Wie groß ist der Fortschritt? Ist die Begeisterung, mit der die Ergebnisse begrüßt wurden, gerechtfertigt?

Auf den ersten Blick ist das, was in Paris erreicht wurde, wichtig. Es gibt in der Tat Fortschritte: Das Pariser Abkommen formulierte als mächtiges Ziel, dass

> der Anstieg der durchschnittlichen Erdtemperatur deutlich unter 2 °C über dem vorindustriellen Niveau gehalten wird und Anstrengungen unternommen werden, um den Temperaturanstieg auf 1,5 °C über dem vorindust-

riellen Niveau zu begrenzen, da erkannt wurde, dass dies die Risiken und Auswirkungen der Klimaänderungen erheblich verringern würde (Artikel 2 a) des Pariser Abkommens).

Die Regierungen haben vereinbart, einzelne Ziele und Maßnahmen festzulegen – die berühmten »freiwilligen nationalen Beiträge«, die im Vorfeld angekündigt wurden.

Die letzten Jahre zeigten jedoch, dass die Summe der pro Land geleisteten Beiträge nicht ausreichend war, nicht einmal, um unter einer Erhöhung der Temperatur um 2°C zu bleiben. Mit den freiwilligen Verpflichtungen zur Reduzierung der Treibhausemissionen, die von den verschiedenen Ländern in Paris präsentiert wurden, würde die Temperatur um mehr als 3 Grad steigen. Um unter einer Erwärmung von 1,5 °C zu bleiben, müssten die Treibhausgasemissionen zwischen 2045 und 2060 auf null reduziert werden,[89] das hieße, man würde die Mehrheit der fossilen Brennstoffe in der Erde belassen (wie wir weiter unten sehen werden).

Darüber hinaus erzeugte die globale politische Aufmerksamkeit für die Pariser Konferenz eine dringend benötigte Plattform, um über die dominanten Politiken wie den Extraktivismus oder die Industrialisierung um jeden Preis in Ländern wie Deutschland oder China zu diskutieren. Der Pariser Gipfel bot die Gelegenheit, um allgemein infrage zu stellen, was die Politik tut, um die Wirtschafts- und Finanzkrise zu überwinden: Wachstum, Wachstum, Wachstum. Diese Chance wurde aber verpasst.

Was also erklärt die Freude und sogar die Tränen, die flossen, als die Schlussfolgerungen des Gipfels präsentiert wurden?Erinnern wir uns daran, dass die seit der Verabschiedung des Kyoto-Protokolls im Jahr 1997 unternommenen Bemühungen keine Antworten auf die ernsthaften Umweltprobleme gebracht haben. Dass die COP 15, die 2009 in

Kopenhagen stattfand, zu keinem Ergebnis kam, stellte ein schlimmes Scheitern dar.

Unbehagen und Verzweiflung schränkten damals den Aktionsradius der Vereinten Nationen ein. Aus dieser historischen Perspektive wirkte die globale Vereinbarung im Dezember 2015 beim COP 21 in Paris wie ein Erfolg. In dieser Stadt, die kurz zuvor durch einen brutalen Terroranschlag erschüttert worden war, erreichten die 195 Mitgliedsstaaten der Klimarahmenkonvention und die Europäische Union (die als ein weiterer Staat gilt) eine Einigung gegen die globale Erwärmung, die den ganzen Planeten betrifft.

Was erklärt die Freude über das Pariser Abkommen?

Aber ist das wirklich genug, um zu jubeln? Wir wollen keine Spielverderber sein, aber es ist empfehlenswert, sich mit einigen Details der Pariser Vereinbarungen auseinanderzusetzen, bevor wir diese als einen großen politischen Fortschritt feiern.

Auch wenn das Beschlossene im Vergleich zu den bisherigen Fehlern erheblich war, ist es bei der gegebenen globalen Herausforderung ein zu kleiner Schritt. Die Beiträge der Länder zur Emissionsminderung sind nicht ausreichend, und es sind keine Sanktionsmaßnahmen vorgesehen. Die gesamte politische Hoffnung beruht darauf, dass die Regierungen handeln und dass die Eliten der Länder die Probleme verstehen und ebenfalls reagieren und die Regeln befolgen, um die Nutzung fossiler Brennstoffe zu beenden. Es ist zwar ein Fortschritt: Im Gegensatz zum Kyoto-Protokoll haben heute alle Länder die Verantwortung, Maßnahmen zu ergreifen, und es besteht die Hoffnung, dass die Ziele auf Folgekonferenzen wie in Bonn 2017 konkretisiert und alle fünf Jahre strenger werden. Aber reicht Hoffnung an dieser Stelle?

Welche oft übersehenen Einschränkungen zeigen sich im Abkommen?

Das Pariser Abkommen wirft Zweifel auf, gerade durch den anhaltend großen Jubel. Warum haben die großen Ölexporteure und viele transnationale Konzerne dem Pariser Abkommen applaudiert? Wenn sie die Vereinbarung feierten, so bedeutet das sicherlich, dass in Paris dem Erdölzeitalter keine Grenzen gesetzt wurden, obwohl es eine der Hauptursachen für das Umweltdebakel darstellt. Das Gleiche gilt auch für China und die Vereinigten Staaten, die am stärksten verantwortlich sind für die Treibhausgasemissionen – auch sie applaudierten begeistert (aber wenigstens sind sich diese beiden Länder in ein paar Punkten zum globalen Klima einig geworden). Mächtige Länder und transnationale Konzerne stellten sicher, dass kein Dokument und keine Entscheidung ihre Interessen beeinflusst und ein Hindernis für die Logik der Kapitalakkumulation darstellt.

Das Abkommen beinhaltet noch zahlreiche andere Mängel und Schwächen neben unverzeihlichen Marginalisierungen. Der Bezug zu den Menschenrechten und den Rechten der indigenen Völker wurde völlig ignoriert beziehungsweise in die Präambel verlegt.

Das Abkommen beinhaltet zahlreiche Mängel und Schwächen.

Auch auf andere sensible Punkte wurde nicht eingegangen. Die Verhandlungsführer bemühten sich redlich, die wirklichen Probleme zu meiden. Und noch weniger beschäftigten sie sich damit, substanzielle Lösungen zu suchen. Schlüsselbegriffe wie »fossile Brennstoffe«, »Öl« und »Kohle« kommen in dem Abkommen überhaupt nicht vor.

In Artikel 10, Abschnitt 5 des Pariser Abkommens heißt es: »Die Beschleunigung, Förderung und Ermöglichung von Innovationen ist von entscheidender Bedeutung für eine wirksame und langfristige weltweite Reaktion auf die Klimaänderungen und für die Förderung des Wirtschaftswachstums und der nachhaltigen Entwicklung.« Die Perversion des unbegrenzten Wachstums wurde überhaupt nicht infrage gestellt, obwohl die sozial-ökologischen Konsequenzen auf die Natur bereits offensichtlich und grausam sind und soziale Gerechtigkeit nicht garantiert ist. Auch die »Klimaschuld« (oder besser: die »ökologischen Schulden«) wurde nicht anerkannt, eine historische Schuld der Industrieländer gegenüber den Ländern des globalen Südens. Die Vereinigten Staaten und die Europäische Union haben nicht nur diese Schuld ignoriert, sondern auch alle Anstrengungen unternommen, um ihre vergangene und gegenwärtige Verantwortung für das Verschwinden von Gletschern, den Meeresspiegelanstieg und die extremen Klimaereignisse nicht anzuerkennen.

Ohne drastische Maßnahmen wird die Temperatur weiter steigen.

Ohne drastische Maßnahmen zur Begrenzung und Verringerung der Verwendung fossiler Brennstoffen sowie Maßnahmen zur Beendigung der Entwaldung wird die Temperatur weiter steigen, im Gegensatz zu dem, was in Paris verkündet wurde. Es gibt tatsächlich keine verbindlichen Verpflichtungen zur Verringerung der Treibhausgasemissionen. Infolgedessen werden diese Emissionen weiter steigen.

Darüber hinaus gelten nicht überall die gleichen Verpflichtungen. Und wenn Länder nicht verpflichtet sind, Emissionsminderungsvereinbarungen einzuhalten, gibt es auch keine Sanktionen, die eine Durchführung garantieren.

Die Vereinbarung stellt keine konkreten Ziele für die Emissionsgrenze fest. Sie legt auch keine Maßnahmen zur Dekarbonisierung der Wirtschaft fest. Es gibt keine konkreten Vorschläge zur Bekämpfung von Subventionen, die den Einsatz fossiler Brennstoffe fördern, oder um 80 Prozent aller bekannten Reserven fossiler Brennstoffe im Untergrund zu belassen, wie es die

Wissenschaft und sogar die Internationale Energieagentur empfehlen und letztere ist keineswegs ein ökologischer Vorreiter.

Die Religion des Wirtschaftswachstums wird also nicht infrage gestellt, das System des Welthandels nicht in Zweifel gezogen. Das verbirgt und fördert viele Ursachen der ernsten sozial-ökologischen Probleme, die wir durchleben. »Der internationale Handel könnte auch auf einem toten Planeten ungehindert weitergehen«, so der Franzose Maxime Combes kurz nach dem Abschluss des Pariser Gipfels. Hochverschmutzende Bereiche wie die transkontinentale zivile Luftfahrt und der Seetransport, die etwa zehn Prozent der weltweiten Emissionen ansammeln, sind von jeglicher Verpflichtung befreit. Die Verhandlungsführer wollten das Dogma des Freihandels nicht infrage stellen. Die sakrosankten Gesetze des internationalen Finanzmarktes sind nicht betroffen, die vor allem durch Spekulationen einen gnadenlosen kapitalistischen Beschleunigungsmotor darstellen, der die Widerstands- und Resilienzfähigkeit der Erde längst überschreitet.

Es gibt auch keine Verpflichtungen, die darauf abzielen, den Transfer von Technologien zu erleichtern, um Klimaschutz und Anpassung an den Klimawandel zugunsten verarmter Länder zu fördern. Denn Technologien gelten als zentraler Faktor zum Erhalt internationaler Wettbewerbsfähigkeit – die wird nicht gerne im Namen von Umwelt- und Klimaschutz geteilt.

Um die beschlossenen Bemühungen gegen die Klimaerhitzung zu finanzieren, wird ab 2020 ein Fonds von 100 Milliarden Dollar pro Jahr gegründet; eine winzige Menge im Vergleich zu den globalen Treibstoffzuschüssen, die weltweit 800 Milliarden Dollar übersteigen. Dieser Fonds hätte weniger Mittel, als die Banken in ihren jüngsten Krisenzeiten erhalten haben. Unklar ist auch, wie der Grüne Klimafonds Vorhersehbarkeit und Transparenz sichert.

Mit dem viel gepriesenen Pariser Abkommen werden die falschen Lösungen im Rahmen einer vermeintlichen »grünen Wirtschaft« noch stärker gefördert werden, die auf der kontinuierlichen und breiten Vermarktung der Natur beruht.[90] Denn hierbei können die Länder, um die Ausgewogenheit der anthropogenen Emissionen zu erreichen, ihre Emissionen durch Marktmechanismen ausgleichen, die Wälder oder Ozeane involvieren oder Techniken wie Geoengineering und Carbon Capture and Storage vorantreiben.

Es wird Zeit vergehen, bis die Vereinbarungen in Kraft treten: Im November 2017 haben (fast) alle Länder der Welt die Vereinbarung ratifiziert, die im Jahr 2020 in Kraft treten soll.

Wenn die Entschlüsse der COP 21 zu konservativeren und wenig ehrgeizigen Optionen neigten, was sind dann die Herausforderungen für die progressiven politischen und wirtschaftlichen Kräfte auf dem Planeten? Und wenn die bisherigen Vereinbarungen nicht eingehalten wurden, was versichert uns, dass es bei diesen anders sein wird? Der real existierende Kapitalismus denkt nur kurzfristig (bis zur nächsten Aktionärssitzung oder bis zu den nächsten Wahlen).

Mit dem Pariser Abkommen werden die falschen Lösungen gefördert.

Auf die Frage »Was tun?« müssen neue und tiefer gehende Reflexionen folgen. Dabei muss absolut klar sein, dass es keinen wahren Widerspruch zwischen dem Sozialen und dem Ökologischen gibt. Ohne ökologische Gerechtigkeit gibt es keine soziale Gerechtigkeit und ohne soziale Gerechtigkeit keine ökologische Gerechtigkeit.

Kapitel 3

Zentrale Elemente der Degrowth-Perspektive

Nachdem wir den historischen Hintergrund, aber auch einige Elemente der Situation in Europa und Lateinamerika (und der Welt) skizziert haben, kommen wir nun zu den zentralen Elementen der Debatte um Degrowth und Post-Extraktivismus.

Wir beginnen mit knappen theoretischen Überlegungen, die uns sehr wichtig sind. Die kapitalistische Dynamik verwandelt immer größere Teile der Gesellschaft in marktfähige Rohstoffe, um sich dadurch Macht und Herrschaft zu sichern.[1] Diese Dynamik trifft nicht nur, wie wir schon lange wissen, die Umwelt, auch die Menschen sehen sich gezwungen, ihre Arbeitskraft zu verkaufen, entweder in privaten kapitalistischen oder in staatlichen Unternehmen. In China und Indien wird dieses Phänomen als Wirtschaftswunder gefeiert, ohne auf die soziale Frage einzugehen und den enormen Druck zu hinterfragen, den die Menschen als fremde, außerhalb von ihnen existierende und nicht von ihnen kontrollierbare Macht erleben. Allerdings wird dieser Aspekt der Verdinglichung der Arbeitskraft und der Natur in der Debatte um Degrowth nicht systematisch angesprochen.

Im Zusammenhang mit dieser Frage ist das kapitalistische Wirtschafts- und Sozialsystem blind gegenüber den Bedingungen und Konsequenzen der wirtschaftlichen Dynamik. An dieser Stelle wollen wir auf die feministische Debatte verweisen, deren Ansatz darauf hinweist, dass die kapitalistische Wirtschaft die Trennung formaler Marktprozesse von anderen Prozessen, die sie überhaupt erst möglich machen, vertieft – die Rede ist von unbezahlter Arbeit, vor allem Sorge- und Pflegearbeit. Ebenso ist das Outsourcing ein »Prinzip«, das entscheidend zum Funktionieren des Kapitalismus beiträgt.[2] Die kapitalistische Struktur des Outsourcing wird wie folgt verstanden:

> [...] die Abwertung des Getrennten (nicht entlohnte Sozialarbeit von Frauen und ökologische Leistungen der Natur) ist die Voraussetzung für billige und sogar unentgeltliche Usurpation. Die Globalisierung des Kapitalismus impliziert ebenfalls dieses Prinzip. Es zeigt sich in neuen aktuellen Usurpationsprozessen, die mit neuen Grenzen verbunden sind.[3]

Was in den Unternehmen auf nationaler wie auf internationaler Ebene durch Auslagerung, Ausgliederung, Verlagerung immer häufiger geschieht, ist auch unter dem englischen Begriff *Outsourcing* bekannt. Es ist ein Prozess, bei dem ein Unternehmen andere Unternehmen beauftragt, sich um einen Teil der Tätigkeiten oder der Produktion zu kümmern – normalerweise mit dem Ziel, die Arbeitskosten zu senken.

Zudem ist das Wirtschaftswachstum eng mit einem westlichen, rationalistischen, männlichen Konzept verbunden in dem Sinne, dass es in erster Linie und als Teil der patriarchalen Herrschaftskonstellationen um die Beherrschung der Natur geht.[4]

Überlegungen zur ökologischen Ökonomie und politischen Ökologie

Viele Fachleute haben die Grenzen des ökonomischen Wachstums aufgezeigt.[5] Sogar Amartya Sen und Joseph Stiglitz, beide Nobelpreisträger für Wirtschaftswissenschaften, die weder den Markt noch den Kapitalismus infrage stellen, haben sich gegen das Wirtschaftswachstum als Synonym für Entwicklung ausgesprochen.[6] So ist es nicht verwunderlich, dass in den industrialisierten europäischen Ländern immer öfter auf Ideen für eine Wirtschaft zurückgegriffen wird, die nicht nur den

Fetisch des Wirtschaftswachstums hinter sich lässt und im stationären Wachstum verbleibt, sondern die weitergeht und ein Postwachstum auslöst.

In gewisser Weise gehen die Reflexionen über das Postwachstum auf John Stuart Mill zurück. Der britische Ökonom publizierte 1848 das Buch *Principles of Political Economy* (dt.: *Grundsätze der politischen Oekonomie*)[7] – im gleichen Jahr, in dem das *Manifest der kommunistischen Partei* von Marx und Engels erschien –, und er antizipierte einige Grundideen dessen, was heute als stationäre Wirtschaft bekannt ist. Mill schrieb:

> Ich weiß nicht, warum es ein Grund zum Feiern sein soll, wenn ein Mensch, der sowieso schon reicher ist, als irgend jemand es sein muß, die Möglichkeit erhält, den Konsum von Dingen zu verdoppeln, die ihm wenig oder gar kein Vergnügen bereiten, abgesehen davon, daß sie seinen Reichtum repräsentieren.
>
> Volkswirtschaftler müssen sich, mehr oder weniger deutlich, schon immer dessen bewußt gewesen sein, daß eine Steigerung von Wohlstand nicht endlos sein kann. Daß am Ende dessen, was sie als «Zustand des Fortschritts» bezeichnen, ein Zustand des Stillstands steht, daß jede Steigerung von Wohlstand nicht mehr als ein Aufschieben dieses Zustandes bedeutet und jeder Schritt nach vorn uns diesem Zustand näher bringt. (...) Wir haben diesen Zustand nur noch nicht erreicht, weil das Ziel sozusagen vor uns flieht. Ich kann (...) den Zustand des Stillstands von Kapital und Wohlstand nicht mit jener natürlichen Abneigung betrachten, wie sie den Volkswirtschaftlern der alten Schule zu eigen ist. Vielmehr bin ich zu dem Schluß gekommen, daß er im großen und ganzen eine deutliche Verbesserung unseres jetzigen Zustands bedeuten würde. Ich muß zugeben, daß ich von dem Lebensideal wenig begeistert bin, das uns von denjenigen ausgemalt wird, die der Meinung sind, es sei der Normalzustand des Menschen, sich abzukämpfen, um voranzukommen; und daß das Getrampel, Schieben, Ellenbogendenken und Einander-in-die-Hacken-Treten, das unsere Umgangsformen bestimmt, das erstrebenswerte Schicksal der Menschheit sei (...).[8]

Viele Jahre später kamen andere Reflexionen dazu, vor allem ökologische und soziale, ohne dass die ökonomischen beiseitegelassen worden wären. Herman Daly, ein Ökonom, der bei der Weltbank arbeitete, argumentierte in einem wichtigen

Punkt ganz zugespitzt, als er ökologische Aspekte in die Diskussion einfügte: Die Wirtschaft *muss* als eine Teilmenge des Ökosystems verstanden werden.[9] Das war seine zentrale These. Ihm zufolge funktioniert die Wirtschaft zurzeit wie eine idiotische Maschine, eine Maschine, die die natürlichen Rohstoffe verstoffwechselt, die verarbeitet und ausstößt, die entsorgt und verunreinigt und die immer mehr Rohstoffe braucht, um zu funktionieren. Das ist die Logik der kapitalistischen Akkumulation. Wenn es aber bereits viele Menschen vor allem im globalen Norden gibt, die ihre Bedürfnisse mit immer mehr materiellen Gütern stillen, welche Zukunft hat dieser Unsinn dann noch? Das sind fundamentale Fragen.

Daly sagt, es gibt zwei Grenzen: die ökologische und die der absoluten Sättigung. John Maynard Keynes, ein bemerkenswerter Ökonom, griff dieses Thema im Jahr 1930 auf. Er sagte voraus, dass die absolute Sättigung im Bereich des Konsums im Jahr 2030 erreicht werden würde.[10] Diese und andere Reflexionen haben im globalen Norden zur Notwendigkeit einer Wirtschaft mit stationärem Wachstum und einem baldigen Degrowth geführt.

Die Debatte begründete die wissenschaftliche Disziplin der Ökologischen Ökonomie.[11] Ein ähnlich kritisches Paradigma, nämlich die Politische Ökologie,[12] nimmt folgende Ergänzungen vor, die den Rahmen unserer Überlegungen bilden.

Erstens: Mit dem interdisziplinären Paradigma der Politischen Ökologie, die in der Tradition der kritischen Gesellschaftstheorie steht, können wir die Dichotomie zwischen Gesellschaft/Wirtschaft auf der einen Seite und Natur auf der anderen überwinden. Dies ist eine Trennung, die in vielen Überlegungen existiert, auch in der Ökologischen Ökonomie. Das Konzept der »gesellschaftlichen Naturverhältnisse«, das Marx in *Das Kapital* benutzte und anschließend Horkheimer und Adorno in der *Dialektik der Aufklärung*, weist darauf hin, dass es nicht die Natur an sich ist, die sich in einer Krise befindet, sondern die gesellschaftlichen Formen, also wie die Menschen mit den multiplen Elementen der Natur umgehen. Das Problem wurzelt entsprechend weniger in einer abstrakt verstandenen »Übernutzung des Planeten« oder der fehlenden Berücksichtigung der »planetarischen Grenzen«, sondern darin, wie die Gesellschaften in ihren Produktions- und Konsumprozessen organisiert sind. Es betrifft also das Leben in der Stadt und auf dem Land, die Wohnverhältnisse, die landwirtschaftlichen Systeme und die Lebensmittelversorgung wie die industrialisierte Versorgung, den Transport (Personenwagen sowie günstige und damit viele Flüge), die Kommunikation (Computer und Smartphones und ihren Einfluss auf die Umwelt), die Kleidung, Gesundheit etc.

Kapitalistische Gesellschaften verwandeln die Natur in Waren.

In kapitalistischen Gesellschaften ist es üblich, sich der Natur zu bedienen und sie in Waren zu verwandeln, es findet eine Arbeitsteilung zwischen Klassen, Geschlechtern und Ethnien statt, und auf internationaler Ebene werden Macht- und Herrschaftsverhältnisse entwickelt und stabilisiert. So sind die gesellschaftlichen Formen, sich der Natur zu bedienen, sehr vielfältig – und da sie sich ungebremst multiplizieren und verbreiten, verursachen sie die ökologische Krise.

Zweitens: Die politische Ökologie geht davon aus, dass relativ stabile gesellschaftliche Verhältnisse auch deshalb bestehen, weil sie zulasten der natürlichen Lebensgrundlagen organisiert werden: das System der Mobilität durch Personenwagen mit ihrer ganzen Infrastruktur und wirtschaftlichen Kraft, die als Arbeitsplatzquelle dient. Die momentan herrschende Automobilzivilisation bringt ihre eigene staatliche Politik mit, zur Imagination eines guten Lebens – angefeuert von den Marketingabteilungen der Autokonzerne – gehört ein eigenes Auto. Durch solche Systeme schreibt sich der Imperativ des Wirtschaftswachstums in den Alltag vieler Menschen ein, in die Produktionssysteme und die internationale Teilung der Arbeit, auch in den Extraktivismus.

In vielen Bereichen kann, das hat der Begriff der »imperialen Lebensweise« klargemacht, von einer breiten Akzeptanz der herrschenden Produktions- und Lebensformen gesprochen werden. Dieses produktivistische und konsumistische Verständnis der Welt ist durchweg akzeptiert in den gesellschaftlichen Beziehungen, verdeckt aber ihre schädlichen Auswirkungen auf die Natur und auf andere Regionen der Welt.

Das Aneignen von Naturelementen – oft auf brutale Weise – erfährt aber weltweit immer mehr Kritik aus verschiedenen gesellschaftlichen Bereichen. Die politische Ökologie geht davon aus, dass es trotz der breiten Akzeptanz immer wieder zu Streitigkeiten darum kommen wird, wer sich eigentlich wie die Natur wie aneignet – und zu welchen zerstörerischen Kosten.[13]

Auch wenn breite Bereiche der Weltbevölkerung eine konsumistische Lebensweise als etwas Unverzichtbares ansehen – oder als eine große zivilisatorische Leistung –, gibt es bestimmte Gruppen, die sich weigern, die Prinzipien des kapitalistischen »Guten Lebens« zu akzeptieren. Sie weigern sich einfach, Akteure und Opfer von so viel Zerstörung und Ausbeutung zu sein, oder sie haben andere Werte und andere Praktiken. Das ist der Fall bei vielen indigenen Gemeinschaften, die sich gegen den Extraktivismus stellen und ihre Vision von einem »Guten Leben« in Harmonie verteidigen, bei Menschen mit einem ökologischen Bewusstsein und Verhalten in den Städten oder bei den vielfältigen emanzipatorischen sozialen Bewegungen. Ein gewisses ökologisches Bewusstsein liegt auch bestimmten Formen staatlicher Politik zugrunde, wenn etwa öffentliche Verkehrsmittel oder eine ökologische, nicht industrielle Landwirtschaft gefördert wird.

Hartmut Rosa, der auch ein Vertreter der kritischen Theorie ist, lädt uns ein, zu einem Stadium der Resonanz überzugehen:

> Wir sind glücklich, wenn wir spüren, dass die Welt in uns nachhallt, dass sie antwortet und vibriert. Wir machen diese Erfahrung, wenn wir mit den anderen interagieren, aber auch dank der Kunst, der Musik, der Natur, der Meere oder Berge und für viele Menschen auch dank der Religion. [...] In jedem Fall kann die Resonanz sich entwickeln, wenn wir über die nötige Zeit verfügen, damit jeder von uns Orte, Bücher, Menschen zu den seinen machen kann. So können wir schließlich die Welt zurückerobern und hätten ein besseres Leben für alle. Das ist zumindest meine Vision.[14]

Der Staat ist nicht das einzige Handlungsterrain.

Drittens: Die Politische Ökologie argumentiert auch, dass wir es uns bei der Frage des Staates und staatlicher Politik nicht zu einfach machen dürfen. In der Tradition von Antonio Gramsci und Nicos Poulantzas wird davon ausgegangen, dass der Staat weder schlicht Erfüllungsgehilfe des Kapitals und seiner Interessen noch ein »neutraler« Regelsetzer ist, sondern ein komplexes soziales Verhältnis. Der Staat ist Ausdruck und Teil der kapitalistischen, patriarchalen, rassistischen und neokolonialistischen Verhältnisse. Die sind gleichsam in ihn »eingelagert«, und er sichert diese Verhältnisse und die dominanten Verständnisse wie »Wachstum« und »Entwicklung« zuvorderst ab. Gleichzeitig ist der Staat aber auch ein Terrain von sozialen Auseinandersetzungen, denn die Gewerkschaften, die Ökologie-, Frauen- oder antirassistische Bewegung kämpfen ja auch um ihre Interessen und können teilweise Erfolge erzielen. Das sind immer »asymmetrische Kompromisse«, aber eben nicht nur die bloße Durchsetzung herrschender Interessen. Doch, und das ist für unser Thema wichtig, diese Kompromisse zwischen Herrschenden und Beherrschten gehen oft zulasten der Natur und anderer Regionen der Welt.[15] Das bedeutet also nicht, dass der Staat für die emanzipatorischen Kämpfe und die Suche nach Alternativen nicht wichtig wäre, ganz im Gegenteil, aber man sollte nicht davon ausgehen, dass er das einzige strategische Handlungsterrain darstellt.[16] Trotzdem ist es wichtig, die Strukturen und Handlungen des Staates und seiner Apparate, die keineswegs homogen sind, sondern voller Spannungen und Widersprüche, im spezifischen historischen Kontext gut zu analysieren.

Viertens: Die Frage nach den Grenzen der Natur ist wichtig; sie muss dahingehend betrachtet werden, dass ab einem bestimmten Moment die lokale, regionale oder gar globale biophysische Reproduktion nicht mehr funktioniert. Das Handeln der Menschen, die innerhalb kapitalistischer Produktionsbeziehungen organisiert sind, verursacht Dürren oder Überschwemmungen, lässt die Fruchtbarkeit drastisch abnehmen, verursacht eine Serie von zunehmend schädlichen Kontaminationen, führt zum Verlust der Biodiversität, zerstört Ökosysteme. All das führt uns zu den berühmten *tipping points* (Kipp-Punkten) des regionalen und globalen Klimas.

Dennoch gibt es aus unserer Sicht keine objektiven Grenzen, die physikalisch bestimmt werden können. Heute wissen wir, dass die Prognose des Umschlagpunkts zwischen neu entdeckten Ölreserven und Ölförderung *(peak oil)*, also des Aufbrauchens der bekannten Reserven, zumindest teilweise durch das Fördern von unkonventionellem Öl unterlaufen wurde. Das betrifft auch das Fracking von Gas, das zu einem riesigen ökologischen Preis stattfindet. Die Grenzen werden weniger von der Natur gesetzt, sondern müssen gesellschaftlich gezogen werden. Öl, Gas und Kohle müssen, auch wenn die Reserven bekannt und ökonomisch wertvoll sind, im Boden bleiben. Doch der Weg zur konsequenten Nutzung erneuerbarer Ressourcen ist noch lang und die Bereitschaft, ihn zu beschreiten, recht dürftig.

Die Schlussfolgerung, zu der wir gelangen, ist, dass das Wachstum – genauer, der kapitalistische Imperativ des Wachstums und die Auswirkungen der vielfältigen Herrschaftsverhältnisse (also entlang von Klasse, Geschlecht) sowie die rassistischen und imperialen Linien – nicht der Motor der Wirtschaft und noch weniger ihr ultimatives Ziel sein kann. Auch das Verzichten auf weiteres Wachstum (»stationäres Wachstum«) reicht nicht aus. Es ist dringend erforderlich, ernsthaft und verantwortungsvoll über den wirtschaftlichen Degrowth im globalen Norden zu diskutieren, also über eine Überwindung von Wachstumsorientierung und -zwängen, was notwendigerweise Hand in Hand gehen muss mit dem Post-Extraktivismus im globalen Süden.

Degrowth als radikale politische Perspektive

Die Perspektive von Degrowth ist nach unserer Auffassung eine radikale Position innerhalb der Diskussion über einen vernünftigen Umgang mit der Krise sowie innerhalb der Debatte über die sozial-ökologische Transformation.[17] Wir sind der Ansicht, dass die Strategien der grünen Wirtschaft oder des *green new deal,* ebenso die öko-keynesianischen, nicht zu einer sozial-ökologischen Transformation führen. Die öko-keynesianischen Konzepte entwerfen die Notwendigkeit wirtschaftlichen Wachstums als qualitativ oder selektiv. Demgegenüber sind die Ansätze zum Ökosozialismus begrenzt, insofern sie den Utilitarismus und die anthropozentrischen Grundlagen ihrer traditionellen Ansätze nicht miteinander konfrontieren.

Degrowth widersetzt sich den neoliberalen Strategien des »Weiter so«.

Diese Positionen widersetzen sich den autoritären oder neoliberalen Strategien des »Weiter so«, die sich zurzeit in Europa einer autoritären Unbeweglichkeit annähern. Der aggressive Neoliberalismus gibt vor, wirtschaftliches Wachstum durch ständige und wachsende Abwertung von Arbeitskraft und Umwelt zu erreichen, eine Situation, die in Lateinamerika bestens bekannt ist, auch in nicht neoliberalen Ländern.

Degrowth, das wir gleich genauer inhaltlich bestimmen, ist eigentlich ein doppelter Vorschlag. Einerseits empfiehlt er einen ganzheitlichen gesellschaftlichen Wandel und identifiziert als Hauptproblem den Imperativ des kapitalistischen Wirtschaftswachstums. Auf der anderen Seite versucht er die vielfältigen konkreten Erfahrungen zu kontextualisieren. Die sozialen Probleme und die Suche nach neuen Antworten werden auch in Zukunft fortbestehen, irgendwann wahrscheinlich unter einem viel stärkeren Begriff als Degrowth, etwa mit dem des »Buen Vivir«.

Wir müssen akzeptieren, dass es keine klare Definition von Degrowth gibt, sondern einige gemeinsame Bezüge und zentrale Forderungen. Diese sind von Strömungen geprägt, die mit verschiedenen Interessen, politischen Positionen, Handlungsstrategien etc. verbunden sind. Dennoch existiert ein emanzipatorischer und transformativer Kern (der sich im Laufe der Zeit natürlich ebenfalls verändern oder verschieben kann).

Was sind die grundlegenden Diagnosen der Probleme der gegenwärtigen Gesellschaft aus der Perspektive des Degrowth?[18]

Was im Kern kritisiert wird, sind die »überstiegene Besessenheit der kapitalistischen Moderne«[19] mit Wachstum, Technologie und Beherrschung der Natur und die daraus folgenden politisch-ökonomischen Antworten auf die aktuellen Krisen. Ungeachtet der Ursachen der Krisen und der sich darauf ergebenden Antworten wird die neoklassische Austeritätspolitik oder keynesianische Politik der Nachfrage und Umverteilung als Lösung präsentiert, also dass der Wachstums- und Wettbewerbsmotor neu startet, anstatt ihm Einhalt zu gebieten.

Andererseits behauptet die Diskussion um Degrowth (oder Postwachstum), dass in Zeiten der multiplen Krise und vor allem eines Kapitalismus, der von den Finanzmärkten dominiert wird, Wachstum *destabilisierend* wirkt.[20] Dazu kann man einen Großteil der Produktion von Gütern und Dienstleistungen rechnen – vor allem Güter schnellen Konsums, nicht nur schnell verderbliche, sondern auch solche von kurzer Lebensdauer durch die eingeplante Obsoleszenz. Um diese Produktion zu sichern, muss systematisch auf Rohstoffe wie Mineralien, Energie, Baumwolle, landwirtschaftliche Produkte und anderes zurückgegriffen werden, die ausschließlich über den Markt bezogen werden – und der Zugang dazu wird immer konfliktreicher und ist schon heute nicht immer gesichert –, das kann künftig auch für die noch starken Ökonomien gelten. So setzt beispielsweise der heute gefeierte Umstieg der Automobile auf Elektromotoren auf Lithium als Rohstoff für die Batterien. Doch aktuell wird weltweit eine Menge an Lithium gefördert, die nach dem Stand der Technik gerade einmal zur Produktion von 100.000 Autos pro Jahr reichen würde. Auch der Klimawandel schafft viele Unsicherheiten, einschließlich der genannten *tipping points* des lokalen oder regionalen Klimas.

Die sozialen Auswirkungen des Wachstums werden in der Degrowth-Debatte detailliert und sehr vielfältig bewertet. Sie bringen politische und insbesondere friedenspolitische Risiken und Probleme mit sich, ökologische und sozial-ökonomische, aber auch individuelle (psychische wie physische) Risiken.

Der zunehmende Arbeitsdruck und die soziale Polarisierung sind weitere negative Konsequenzen, wenn Wachstum nur als ökonomisches Wachstum verstanden wird. Wachstum bedeutet Konkurrenz, und diese lässt notwendig Menschen zu »VerliererInnen« werden. Hier verweisen wir auf die These von Wilkinson und Pickett, der zufolge in Ländern mit großen Einkommensunterschieden die Gesundheits- und die sozialen Probleme viel stärker spürbar sind als in Ländern mit geringeren Einkommensunterschieden: »Gesundheits- und soziale Probleme manifestieren sich stärker in den armen Bereichen der Gesellschaft. Am stärksten betroffen sind aber die Gesellschaften mit starker Ungleichheit.«[21] Das Wirtschaftswachstum verschärft die sozialen Probleme, denn in Gesellschaften, in denen die Grundbedürfnisse im Allgemeinen eigentlich befriedigt sind, steigert es Druck, Wettbewerb und Konsumismus.[22] Um zu einem Verständnis und einem Konzept eines umfassenderen und ganzheitlicheren, gerechten und nachhaltigen Lebens zu gelangen, müssten die Menschen erst mal ihre Gesellschaften aus einer anderen Perspektive sehen. Das ist die produktive Anregung der Degrowth-Perspektive.

Auch der wachsende Konsum von Statuswaren und die ungezügelte Konkurrenz, Vergeudung und Verschwendung einschließlich der Verschlechterung der Lebensbedingungen von künftigen Generationen erhöhen die Ungleichheit und Ungerechtigkeit.

Ein weiterer Grund für die aktuellen Probleme sind die vorherrschenden Formen der Subjektivierung. Dazu verweisen wir auf die Position von Harald Welzer.[23] Anhand des Begriffs »mentale Infrastruktur« argumentiert Welzer, dass Konsum- und Wachstumsorientierung tief verwurzelt seien, und dass soziale Veränderungen eine psychologisch-soziale, kulturelle und habituelle Dimension haben. Der Hyperkonsum bedeutet Status, bietet Sinn, trotzdem:

> Die zunehmende Zerstörung von Naturressourcen und damit heutiger und künftiger Überlebensvoraussetzungen erfolgt für einen Hyperkonsum, der das Glück keineswegs weiter erhöht, sondern eher Leiden verursacht – Konsumstress, Freizeitstress, Zeitnot, Burn-out, Fettleibigkeit sind einschlägige Stichworte. Die zugrunde liegende Ökonomie des Wachstums sorgt also nicht nur für eine beständige Erhöhung der verarbeiteten und gekauften Mengen, sondern auch dafür, dass diese Erhöhung lebenspraktisch immer mehr zur Belastung wird. Die wachsende Zerstörung erzeugt wachsendes Unglück.[24]

Die Transformation einer expansiven Ära in eine Ära der »reduktiven Moderne«[25] ist komplex und muss entsprechend organisiert werden. Doch das wird nur sehr begrenzt über den Staat laufen, der ja Teil des Problems ist. Wir haben es mit umfassenden sozio-ökonomischen, politischen und insbesondere kulturellen Herausforderungen zu tun.

Die Perspektive des Degrowth wurde ursprünglich von Akademikern entwickelt, aber in den letzten Jahren haben verschiedene Bewegung sie sich zu eigen gemacht. Im Allgemeinen entstehen diese Bewegungen nicht als Akteure des Degrowth, vielmehr treffen sie mit ihren Kämpfen und Forderungen auf implizite Weise und vermehrt auch explizit auf die politisch-konzeptuelle Ebene des Degrowth.

Verschiedenste Bewegungen haben Degrowth aufgenommen.

Als Beispiel können wir die Widerstandsbewegungen gegen Megaprojekte und industrielle Landwirtschaft nennen oder Bewegungen zugunsten von Übergangsstädten (*transition towns*) und in gewisser Weise auch das Recht auf Stadt. Es entstehen Aktionen, die sich für eine energetische Demokratie, für Lebensmittelsouveränität und Klimagerechtigkeit einsetzen. Es gibt eine Vielzahl konkreter alternativer wirtschaftlicher Ansätze auf Gemeindeebene und auch auf globaler Ebene. Aber vor allem im Rahmen des Konzepts von »Buen Vivir« gibt es Alternativen für eine zivilisatorische Transformation.

Ein brillanter lateinamerikanischer Denker, Enrique Leff, empfiehlt die Entwicklung hin zu einer anderen Organisation der Produktion und der Gesellschaft, in der diese Herausforderungen angenommen werden:

> Wie kann man das Wachstum eines Prozesses deaktivieren, der in seiner Originalstruktur und in seinem genetischen Code einen Motor eingebaut hat, der ihn dazu bringt, entweder zu wachsen oder zu sterben? Wie kann man eine solche Absicht zu Ende führen, ohne dadurch eine wirtschaftliche Rezession mit sozial-ökologischen Auswirkungen globaler und planetarischer Reichweite zu erzeugen? [...] das führt zu einer Strategie der Dekon-

> struktion und Rekonstruktion, das System nicht zur Explosion zu führen, sondern die Produktion neu zu organisieren, sich von den Marktmechanismen zu lösen, die abbröckelnde Materie zu restaurieren, indem sie recycelt und in neuen ökologischen Kreisläufen neu geordnet wird. In diesem Sinne impliziert eine solche Strategie die Konstruktion einer Umweltrationalität, die in der Lage ist, ökonomische Rationalität zu dekonstruieren, Prozesse der Wiederaneignung der Natur und der Reterritorialisierung von Kulturen zu ermöglichen.[26]

Auf diese Herausforderung zu antworten ist eine immer präsentere Frage in den Industrieländern, die die Hauptverantwortlichen für das globale Umweltdebakel sind. Es geht nicht darum, dass die unterentwickelten Länder arm bleiben, um dadurch keine globale ökologische Katastrophe zu verursachen. Das wäre zynisch. Worauf man im globalen Süden aber achten sollte, ist, nicht zu versuchen, soziale und ökologisch nicht nachhaltige Lebensweisen nachzuahmen in einer Zeit, in der sich diese Strukturen und Praktiken, die das Leben ersticken, im globalen Norden eigentlich demontieren müssten und es auch Ansätze dazu gibt. Bei all dem muss den Prinzipien und Prozessen der sozialen Gerechtigkeit Platz eingeräumt werden, denn kategorisch gilt: Eine ökologische Gerechtigkeit wird nicht erreicht ohne eine soziale Gerechtigkeit und umgekehrt.

Daher ist es dringlich, sich in den sogenannten unterentwickelten Ländern verantwortungsbewusst mit dem Wirtschaftswachstum und dem Post-Extraktivismus zu beschäftigen (worauf wir später noch eingehen). In diesem Sinne ist es zunächst zumindest opportun, »gutes« von »schlechtem« Wachstum zu unterscheiden. »Gutes Wachstum« definiert sich für Manfred Max Neef (2001) durch die Natur- und Sozialgeschichte, die zurückbleibt, sowie durch die Zukunft, die dieses Wachstum antizipieren kann.

Man muss zwischen »gutem« und »schlechtem« Wachstum unterscheiden.

Einerseits müssen die verarmten und strukturell ausgeschlossenen Länder Optionen für ein würdevolles und nachhaltiges Leben finden, das nicht die karikaturhafte Neuauflage der westlichen Lebensweise ist. Andererseits müssen die Länder, die als Industrieländer gelten, wachsende Probleme internationaler Ungerechtigkeit lösen, die sie selbst verursacht haben, und vor allem Kriterien der Genügsamkeit einbeziehen, statt auf Kosten des Restes der Menschheit die Logik der Effizienz als eine permanente materielle Akkumulation aufrechtzuerhalten.

Materiell reiche Länder müssen ihre Produktions- und Lebensweise, die das globale ökologische Gleichgewicht gefährden, ändern. Denn aus dieser Perspektive sind sie selbst in gewisser Weise unterentwickelt oder schlecht entwickelt.[27] Dafür müssen sie einen großen Teil des gegangenen Weges »zurückgehen«, indem sie den Wachstumsimperativ zurücknehmen. Gleichzeitig müssen sie ihre Mitverantwortung bei der globalen Wiederherstellung sozialer und ökologischer Schäden übernehmen. In anderen Worten: Die Industrieländer müssen ihre ökologischen Schulden bezahlen, inklusive der historischen Schulden, die sie bei den unterentwickelten Ländern angehäuft haben.

Dabei geht es nicht nur um durch die Klimaerhitzung bedingte Schulden. Wir sprechen von ökologischen Schulden, die mit der kolonialen Ausbeutung (etwa der Extraktion mineralischer Rohstoffe oder dem massiven Abholzen der Urwälder) begannen. Diese Verschuldung zeigt sich im ökologisch ungleichen Tausch sowie in der kostenlosen imperialen Besetzung des Umweltraumes verarmter Länder durch den räuberischen Lebensstil der Industrieländer.[28] Die sogenannten unterentwickelten Länder sind dabei auch mit den wachsenden Anforderungen, die sich aus der Auslandsverschuldung und der Erzwingung der wirtschaftlichen Außenöffnung ergeben, konfrontiert.

Zudem wächst die ökologische Verschuldung auf einer weiteren Ebene, die mit der vorangegangenen zusammenhängt: Die reichsten Länder haben ihre nationalen Umweltbilanzen längst überschritten und die Umweltverschmutzung (Abfälle oder Emissionen) direkt oder indirekt auf andere Regionen übertragen, ohne irgendeine Zahlung dafür zu leisten.

Die ökologische Verschuldung wächst immer weiter.

Ein Beispiel dafür ist die Biopiraterie. Sie wird von mehreren transnationalen Konzernen (oft in Kooperation mit öffentlichen Forschungsinstitutionen) betrieben, indem sie in ihren Herkunftsländern eine Reihe von Pflanzen (vor allem Heilpflanzen sowie Farbstoffe) und tierische Derivate (wie die Cochenilleschildlaus) patentieren, ganz abgesehen von anderen indigenen Kenntnissen.

Es findet also nicht nur ein kommerzieller und finanziell ungleicher Tausch statt, sondern auch ein ökologisch unausgeglichener Tausch. Daher ist es unabdingbar, das Wesen des Wirtschaftswachstums und die kapitalistischen Imperative, die es vorantreiben, zu überprüfen. Wir fragen uns sogar, ob es Entwicklungsformen der Produktivkräfte gibt, die eine andere Richtung einschlagen können. Wir haben das in Kapitel 2 am Beispiel der Technologien ausgeführt. Das ist notwendig, weil die Zerstörung, die das Wirtschaftswachstum in seiner Form der kapitalistischen Akkumulation verursacht, in eine Sackgasse führt. Eine alternative Entwicklung müsste andere wirtschaftliche Logiken mit sich bringen. Diese neue Wirtschaft muss umdenken und ganzheitliche und systemische Alternativen entwickeln, die sich in der Gültigkeit der Menschen- und der Naturrechte widerspiegeln.

Die Perspektive des Degrowth eröffnet uns solche Horizonte für andere Formen individueller und kollektiver Produktion und Reproduktion. Ebenso zeigt sie die Notwendigkeit auf, andere politische und soziale Formen neu zu definieren, die lebensfähige demokratische Volkswirtschaften ermöglichen, die sich von den vorherrschenden unterscheiden. Etwa ein System der Arbeit und Arbeitsteilung zu finden, das die volle und würdige Beschäftigung aller Menschen gewährleistet und das uns unter anderem dafür sensibilisiert, uns der Spannung zwischen Verbraucherwünschen und Nachhaltigkeitsanforderungen zu stellen.

Was sind aber nun, abgesehen von der Thematisierung und Lösung der nun erwähnten, meist gut bekannten Probleme, die politischen und sozialen Perspektiven des Degrowth? Man könnte sagen, dass der aus den Debatten abgeleitete Konsens wie folgt lautet: Degrowth ist ein

> [...] facettenreiches Projekt, das darauf abzielt, Unterstützung für einen Richtungswechsel zu mobilisieren, auf der Makroebene bei den wirtschaftlichen und politischen Institutionen und auf der Mikroebene bei den Werten und individuellen Bestrebungen. Dadurch werden viele Menschen eine Abnahme ihres Einkommens und ihres materiellen Komforts hinnehmen müssen, das Ziel ist aber, dass sie diese Reduzierung nicht als Verlust des Wohlbefindens ansehen.[29]

Wir benötigen also ein anderes Verständnis und attraktives Modell von Wohlstand und Lebensqualität. Dabei sind normative Prinzipien wie Kooperation, Gegenseitigkeit, Solidarität und soziale Gerechtigkeit von grundlegender Bedeutung. Degrowth als Ziel zu haben bedeutet nicht, sich über Krisen zu freuen und politisch zufrieden zu sein, wenn die industrielle Produktion untergeht. Degrowth ist kein Synonym von Krise. Degrowth ist ein Prozess hin zu anderen Produktions- und Lebensweisen und der entsprechenden Vorstellungswelten: nachhaltig auf sozialer und ökologischer Ebene, fair und solidarisch.

Es erfordert eine breite Perspektive der Veränderung, die auf normativer Ebene einen Wohlstand impliziert, »der es den Menschen ermöglicht, ein gutes Leben zu führen, mehr Zusammenhalt in der Gesellschaft zu schaffen, mehr Wohlbefinden zu erfahren und trotzdem die materiellen Umweltbelastungen zu reduzieren«.[30] Wir können uns nicht länger auf endloses Wirtschaftswachstum oder technologische Lösungen verlassen, denn die sind eine Selbsttäuschung.

Um neue, attraktive und solidarische Lebensweisen zu entwickeln und die bestehenden zu stärken, muss die politische Debatte revitalisiert werden, die momentan durch die ökonomisch-technizistische Vision von Zielen und Mitteln verschleiert ist. Durch die Vergötterung der Wirtschaft, insbesondere des kapitalistischen Marktes sowie des Produktivismus und Konsumismus, werden viele unentbehrliche nichtwirtschaftliche Instrumente aufgegeben, die das Leben verbessern können: Produkte, die kollektiv entstehen und ohne Geld getauscht werden, politisches Engagement und soziale Netzwerke, Pflegeleistungen an anderen, die das Leben lebenswert machen.

Die politische Debatte muss revitalisiert werden.

Ein nachhaltiges Wirtschaftssystem verlangt, kurz gesagt, einschlägige politische Voraussetzungen: eine ökologische Steuerreform, die Berücksichtigung strenger Höchstgrenzen beim Verbrauch natürlicher Ressourcen und bei Emissionen, kulturelle Veränderungen wie eine Begrenzung bis hin zur Abnahme des materiellen Konsums und der Ungleichheit, die Senkung des Renteneintrittsalters, die Stärkung der Fähigkeiten und des sozialen Kapitals der Menschen und die Unterstützung der Länder des Südens bei ihren Bemühungen, ihre Wirtschaft zu verändern.[31]

Viele Visionen, die ein gutes Leben anstreben, müssen zunächst die gegenwärtige Lebensweise überdenken, insbesondere auf der Ebene der wirtschaftlichen und kulturellen Eliten, denn diese dienen als Orientierung (in der Praxis unerreichbar) für die Mehrheit der Bevölkerung auf dem Planeten. Es müsste so schnell wie möglich einer Situation der Suffizienz und Fülle Priorität eingeräumt werden, wo nur das gesucht wird, was auch wirklich gebraucht wird – und nicht einer Situation immer größerer Effizienz aufgrund unkontrollierter Wettbewerbsfähigkeit und außer Kontrolle geratenen Konsums, die die Fundamente der Gesellschaft und der ökologischen Nachhaltigkeit aufs Spiel setzt.[32] Degrowth ist kein Synonym von Krise, und »Buen Vivir«[33] ist kein Synonym von Opulenz. »Weniger ist mehr« könnte die Devise sein. Dabei sollte berücksichtigt werden, dass sich nicht alle das »Weniger ist mehr« oder Genügsamkeit leisten können, sondern erst mal ihre elementarsten Bedürfnisse befriedigen müssen. Das muss die Degrowth-Perspektive berücksichtigen, sonst wird sie zum Label für eine minoritäre Ökoelite, die (vermeintlich) alles besser weiß.

Niko Paech, einer der Vorreiter der Degrowth-Bewegung, befürwortet einfache und autonome Versorgungsmuster und folglich einen »kreativen Lebensunterhalt«[34] durch Eigenproduktion, gemeinsame Nutzung von Gütern und längere Nutzungszeiten. Auch Unternehmen können so organisiert sein, dass sie produktiv sind und gleichzeitig ökologisch und sozial angemessen produzieren und sich vor allem dem Wachstumszwang entziehen. All das würde dazu führen, dass die Produktion weniger Kapital braucht und daher auch weniger Kredite zu zahlen wären, was den Wachstumsdruck auf Firmen automatisch reduzieren würde, da sie nicht, um die Zinsen zu bezahlen, immer mehr verdienen müssen.

Im Degrowth geht es auch darum, lokal und regional zu produzieren.

Wie betont, geht es im Degrowth auch darum, lokal und regional zu produzieren, Produktionsketten zu verkürzen und zu entwirren und Nähe und Vertrauen zu schaffen, »was an sich erlaubt, Kapital mit niedrigeren Zinsen zu erhalten«.[35] Dazu kämen auch die Verkürzung und Umverteilung der Arbeitszeit. Als Folge eines veränderten Konsumverhaltens würden langlebige Konsumgüter an Bedeutung gewinnen. Aber vor allem müssen die Menschen »ihre Fähigkeit ausüben«, anders zu leben, und Länder müssen »lernen, mit dem zu leben, was wir haben, für unsere Leute«, wie Aldo Ferrer[36] zutreffend gesagt hat.

Manchmal wird Degrowth als ein Instrument gegen Probleme verstanden, die durch einen außer Kontrolle geratenen und nichtnachhaltigen Konsumismus hervorgerufen wurden oder als Kanalisierung des Imaginären, also der kollektiven Vorstellungen, um die vorherrschenden Umstände zu überwinden. In diesem Sinne kann Degrowth als soziokulturelle Herausforderung zur Dekolonialisierung ebendieses wachstumsfixierten Imaginären beitragen.[37]

In Übereinstimmung damit beziehen sich die Vorschläge zur Veränderung der Gesellschaft auf die strukturelle und institutionelle Ebene, auf die Machtverhältnisse, die genannten Vorstellungswelten.[38] Harald Welzer und das Projekt der Stiftung FuturZwei zeigen, dass ein neues soziales Paradigma gebraucht wird: ein emotionales Angebot, etwas Identitätsstiftendes darüber, wie wir in der unmittelbaren und mittelbaren Zukunft leben wollen und was das für unser Denken und Handeln bedeutet.[39] Es handelt sich dabei um eine »Erziehung der Wünsche«[40] (*education of desire*), die es erlaubt, das Verständnis über das, was wünschenswert und notwendig ist, allmählich zu verändern und alternative Vorstellungen des guten Lebens zu schmieden.

Eine Stärke der Debatte um Degrowth ist, dass sie den – angeblich engen – Handlungsspielraum zur Bewältigung der Krise neu politisiert, der Wachstum oder Wettbewerbsfähigkeit bisher nicht infrage stellt. Damit geht sie weit über den prominenten Ansatz von Thomas Piketty hinaus, der sich auf die Verteilungspolitik des materiellen Wohlstands konzentriert, was die Debatte derzeit sehr dominiert.[41]

Diese Repolitisierung zeigt auch das allgemeine Unbehagen insbesondere der jungen Generation, die unter neoliberalen Regimen aufgewachsen ist und die in ihrem Leben weitgehend die Zeit der Krise gekannt hat. Es gibt oder es müssen neue Horizonte gebaut werden, die mit alternativen Praktiken zu erreichen sind. Folglich ist es möglich und unabdingbar, die neoliberale Selbstverwaltung zu kritisieren und all die Erfahrungen von Unsicherheit und Prekarität, die sie für die Menschen bedeutet. Diese Kritik wird jedoch nicht zur Transformation führen, wenn nicht zeitgleich der Kapitalismus infrage gestellt wird.

Probleme der Degrowth-Perspektive

An dieser Stelle sollten einige Probleme der Degrowth-Perspektive aufgeführt werden: der Konflikt zwischen konkreten Projekten und einer ganzheitlicheren sozialen Vision, die Vernachlässigung von Fragen der sozialen Herrschaft und der Herrschaft über die Natur sowie Fragen zur Organisation der Erwerbsarbeit und zu den Bedürfnissen in einer Postwachstumsgesellschaft.

Obwohl die Degrowth-Bewegung eine ganzheitliche soziale Perspektive sucht, die im weitesten Sinne die Produktions- und Lebensweisen im Allgemeinen umfasst, konzentriert sie sich momentan eher auf konkretere Projekte wie etwa solidarische Ökonomie, Tauschringe, Gemeinschaftsgärten. Doch auch die politischen Vorschläge wie bedingungsloses Grundeinkommen, Arbeitszeitverkürzung, die Erfahrungen der *transition towns* (siehe Kapitel 5) oder jene der Zapatistas im mexikanischen Chiapas oder Ansätze von linken Stadtregierungen wie in Barcelona können durchaus dazugezählt werden. Dennoch bedeutet in Ländern wie Deutschland, Österreich oder der Schweiz die praktische Umsetzung von Degrowth bisher vor allem, kleinteilige Projekte umzusetzen. Dieser Fokus auf das Konkrete trotz der Forderung nach einem umfassenden Konzept ist bei den vorherrschenden gesellschaftlichen Tendenzen keineswegs überraschend. Hans Thie[42] trifft den Nagel auf den Kopf, wenn er bemerkt:

> Postwachstumsökonomie kann jenseits der Projektpioniere und der einsichtigen Privilegierten nur dann zu einem starken Leitbild werden, wenn sie die Freiheit, ein anderes, selbstbestimmtes und ressourcenleichtes Leben zu führen, zu vergesellschaften versucht. Der individuelle Wachstumsverrat kann stärker und politischer werden, wenn er aufnimmt, was als mehrheitliches Verlangen schon da ist: existenzielle Not abschaffen [...].

Uns scheint, dass das Unbehagen beispielsweise der Gewerkschaften[43] sowie vieler einzelner Menschen gegenüber Degrowth daher rührt, dass Degrowth vor allem durch kosmopolitische Mittelschichten getragen und unterstützt wird, die auf bestimmte Dinge sehr wohl verzichten und diesen Verzicht allgemein in ihre Ansprüche und Praktiken einbeziehen könnten. Doch mit dem suggestiven Diskurs der Befreiung vom Überfluss werden die reale Armut, Marginalisierung, Ängste und Demütigungen, denen viele Menschen ausgesetzt sind, nicht angegangen. Es wird sogar behauptet, dass Milliarden von Menschen in der verarmten Welt durch den Degrowth-Ansatz in Rückständigkeit gehalten würden. Darüber hinaus sind, sosehr das Wachstum auch gesellschaftliche Instabilität erzeugt, die individuellen Bestrebungen breiter Bevölkerungsschichten genau damit verbunden: »Wachsen« ist in dieser Zivilisation der Ungleichheit – der kapitalistischen Zivilisation – ein Synonym für Erfolg. Bestimmte Produkte werden sogar umso höher geschätzt, wenn sie teuer sind, was mit dem um sich greifenden »Geltungskonsum« unserer Gesellschaft zusammenhängt.[44] Denn der Preis spiegelt nicht immer die Knappheit oder den Überfluss eines Produkts wider, wie es unter anderem auch von Raj Patel nachgewiesen wurde.[45]

In Verbindung mit dem oben Gesagten ist auch relevant, dass die Debatten um wieder aufzunehmende Erfahrungen und Tendenzen, wie man die notwendige soziale Koordination erreicht, bisher kaum expliziten Status erzielt haben. Viele der konkreten Vorschläge konzentrieren sich auf soziale Nischen und Experimentierräume.

Eine zweite Schwäche des Degrowth-Ansatzes besteht darin, dass Probleme sozialer Macht und Herrschaft, die mit der tief verankerten Wachstumsorientierung verbunden sind, zu wenig berücksichtigt werden.[46] Das kapitalistisch angetriebene Wirtschaftswachstum ist ja nicht nur eine quantitative Größe, sondern prägt die Strukturen von Eigentum und Klassen und die daraus folgende Klassenherrschaft und Unterdrückung. Es bestimmt auch die geschlechtsspezifischen, ethnischen und internationalen Beziehungen sowie die Beherrschung der Natur. Das ist ein entscheidender Punkt: Herrschaft als grundlegendes Element einer Klassengesellschaft auf der Basis der privaten Gesellschaft. Jede Alternative muss diese bestehenden Bedingungen berücksichtigen und ändern.

Degrowth vernächlässigt die Probleme sozialer Macht und Herrschaft.

Nischen und alternative Praktiken im Prinzip für jeden in Erwägung zu ziehen kann politisch motivierend sein, weil es den Kontext – der normalerweise erschwerend wirkt – nicht berücksichtigt. Es ist jedoch genauso wichtig, die makrostrukturellen sozioökonomischen und politischen Bedingungen, die sozialstrukturellen, kulturellen und subjektiven Verhältnisse mitzudenken, damit auch wirklich alle Menschen gleichermaßen an der angestrebten Lebensweise teilhaben können.

Die Degrowth-Perspektive ist richtigerweise staatskritisch, denn der Staat mit seiner Wachstumsfixierung und mehr noch in seiner aktuell zunehmend autoritären Ausrichtung ist eher ein Teil des Problems. Eine Politik, die sich an Staat und Parteien orientiert und einen starken Fokus auf politisch günstige kapitalistische Wachstumskonstellationen hat, beruht auf sozialen und sozial-ökologischen Machtstrukturen und ist Bestandteil von ihnen. Dennoch konstatiert eine der Vordenkerinnen von Degrowth zu Recht: Es geht angesichts der bestehenden Machtverhältnisse um eine »institutionelle Koordinationsinstanz, die für die Rechte der Schwächeren eintritt, Umverteilung zwischen sozialen Gruppen und zwischen den Regionen reguliert und Konflikte schlichtet. Die größte Herausforderung einer PW-Gesellschaft wird die Frage der politischen Struktur sein, wie sie als demokratische und partizipatorische Gesellschaft gestaltet werden kann.«[47]

Wenn wir kapitalistisches Wachstum als machtvoll in die Gesellschaft eingeschriebene Konstellation verstehen, müssen wir Herrschaftsverhältnisse auch jenseits des Staates berücksichtigen. Als Lohnabhängige anerkennen und akzeptieren die meisten (machtlosen) Menschen nicht nur das kapitalistische Wachstum, sondern damit verbunden eben auch Eigentum und Herrschaft, obwohl das nicht immer direkt erfahrbar ist. Marx und Engels drückten es folgendermaßen aus:

> Die soziale Macht, d. h. die vervielfachte Produktionskraft, die durch das in der Teilung der Arbeit bedingte Zusammenwirken der verschiedenen Individuen entsteht, erscheint diesen Individuen, weil das Zusammenwirken selbst nicht freiwillig, sondern naturwüchsig ist, nicht als ihre eigne, vereinte Macht, sondern als eine fremde, außer ihnen stehende Gewalt, von der sie nicht wissen, woher und wohin, die sie also nicht mehr beherrschen können, die im Gegenteil nun eine eigentümliche, vom Wollen und Laufen der Menschen unabhängige, ja dies Wollen und Laufen erst dirigierende Reihenfolge von Phasen und Entwicklungsstufen durchläuft.[48]

Vor diesem Hintergrund erarbeitete Antonio Gramsci sein Konzept der Hegemonie. Ihm zufolge werden sowohl die materiellen als auch die ideologischen Konsenselemente der Herrschaft stabilisiert durch den »Alltagsverstand«[49], der zentrale Dimensionen von Macht und sozialer Herrschaft als nicht hinterfragbar erscheinen lässt. In diesem Sinne ist Hegemonie eine umfassende materielle Praxis, »nämlich die täglichen Initiativen vieler einzelner und sozialer Gruppen, in denen sie in der Form einer aktiven Selbstunterwerfung unter die gemeinsam geteilten Gewohnheiten großer Kollektive die Zustimmung zu Herrschaft erkennen lassen«.[50]

Zudem gilt es aus hegemonietheoretischer Perspektive zu berücksichtigen, dass die sozialen Herrschaftsverhältnisse im Bewusstsein der solcher Herrschaft Unterworfenen nicht als solche wahrgenommen werden, sondern als stummer Zwang anonymer Verhältnisse, als kaum zu steuernde Prozesse von technischem Fortschritt und globalem Markt, von Produktivismus und Globalisierung. Die meisten Menschen haben wenig Handlungsfähigkeit, und noch weniger können sie die Umstände verstehen, was ihre Untätigkeit noch verstärkt. Neben der Sicherung ihres Einkommens ist einer der wichtigsten Handlungsmotoren der Menschen in unserer heutigen Gesellschaft, ihren Status zu verbessern, und beides unterstützt die imperiale Lebensweise. Das ist die Grundlage der kapitalistischen Kultur.

Um der Herausforderung einer emanzipatorischen Transformation zu begegnen, sind andere Paradigmen, Konzepte, Theorien, Indikatoren und Werkzeuge erforderlich, die sich darauf konzentrieren, eine neue Lebensweise zu realisieren, eine solidarische, ausgewogene, mit einem Bewusstsein für Individuen und Gemeinschaft, Gesellschaft und Natur. Wir sehen täglich auf dem ganzen Planeten viele und verschiedene alternative Lebensweisen, die auf anderen Weltanschauungen basieren, die eher aus dem Alltag und der sozialen und politischen Praxis als aus der Theorie entstehen. Darin liegt das große transformierende Potenzial, mehr noch als in der Theorie.

Viele Bereiche müssen wieder entökonomisiert werden.

Das ist der Schlüsselpunkt. Viele Bereiche, in denen der kapitalistische Fetischismus Werte und Prinzipien verzerrt hat, müssen entökonomisiert werden; zum Beispiel Begriffe wie »Humankapital« oder »Naturkapital«, die sie untereinander oder mit finanziellem Kapital austauschbar macht und sie sogar als abschreibbare Objekte versteht.[51]

Eine weitere Schwäche der Degrowth-Perspektive ist die geringe Berücksichtigung der (Erwerbs-)Arbeit.[52] Das ist umso erstaunlicher, weil es sich ja um ein zentrales Moment von Vergesellschaftung und der damit einhergehenden Dynamiken und Probleme handelt. In Gesellschaften mit kapitalistischer Produktionsweise besitzt die überwiegende Mehrheit der Menschen keine Produktionsmittel, Ersparnisse, die vom Zwang zur Lohnarbeit befreien, oder Vermögen, sondern reproduziert sich durch Lohnarbeit, die die kapitalistischen Waren produziert. Dabei basiert die Reproduktion der Lohnarbeit und der Menschen selbst in ihren unterschiedlichen Lebensphasen quer durch alle Schichten nicht nur auf dem Lohn, sondern auch auf der oft von Frauen geleisteten Haus- und Pflegearbeit. Dies wiederum hängt an asymmetrischen Geschlechterverhältnissen und an gesellschaftlichen Bewertungen von »wertvoller« und »nichtwertvoller« Arbeit.[53] [54] Die Dynamiken der »Landnahme im Feld der Sorgearbeit« etwa müssten aus einer Degrowth-Perspektive stärker in den Blick genommen werden.[55]

Eine Schwäche der Degrowth-Perspektive ist die geringe Berücksichtigung der (Erwerbs-)Arbeit.

Auch politisch-strategisch ist die geringe Berücksichtigung von Arbeit in der Degrowth-Debatte verwunderlich. Zum einen werden die Lebens- und Beschäftigungsperspektiven zentral sein für die Realisierung anderer Formen des Wohlstands. Was bedeutet ein Umbau des Mobilitätssystems weg vom Automobil in Deutschland, des Energiesystems weg von der Nuklearenergie in Japan und Frankreich? Zum anderen bedeutet

Degrowth als Perspektive einer anderen Schaffung von Wohlstand in vielen Bereichen erst mal mehr Arbeit.

In diesem Zusammenhang muss neben der Qualität auch die Verteilung von Erwerbsarbeit bedacht werden, da diese immer knapper wird. Um das zu erreichen, muss im Hinblick auf Arbeitszeitverkürzung und Umverteilung neu definiert werden, was die – ja sehr unterschiedlichen – Bedürfnisse der Lohnabhängigen sind. Gerade deshalb ist es unabdingbar, transformierende Alternativen zu entwickeln. Die falsche Sicht muss sich ändern, nach der die Bedürfnisse unendlich sind, denn sie sind, wie Manfred Max Neef, Antonio Elizalde und Martín Hopenhayn erklären, in allen Zeiten und Kulturen bekannt, immer ähnlich; was sich ändert, ist das, wodurch sie zufriedengestellt werden können.[56] Diese Sicht kann sich nur ändern, wenn Gesellschaften auf der Grundlage von Gerechtigkeit und Gleichheit erbaut werden und wenn andere Werte und Praktiken durch demokratische Vereinbarungen eingeführt werden. Das ist ein Prozess, der selbstverständlich mit einer neuen Denkweise und Organisation der Wirtschaft und der Gesellschaft selbst verbunden sein muss.

Offen ist bislang in der Debatte, welche Arbeitsformen und welche Sektoren eher gestärkt werden sollen. Ver.di-Ökonom Norbert Reuter plädiert für einen Ausbau der Dienstleistungssektoren, die tendenziell umweltfreundlicher seien, geringere Produktivitätszuwächse verzeichnen würden und wo es in den Bereichen Bildung, Gesundheit, Erziehung und Pflege in Deutschland Nachholbedarf gebe.

Wir halten es für wichtig, gerade im Bereich von Arbeit, Arbeitsteilung, dem Verhältnis zwischen Erwerbsarbeit und anderen Formen der Arbeit ein Blick auf die je spezifischen Kräfteverhältnisse zu werfen. Konkrete Arbeit ist ein soziales Verhältnis, das tief in Formen betrieblicher und gesellschaftlicher Herrschaft, staatliche Politiken, Formen und Vorstellungen attraktiven Lebens und in die Subjektivitäten eingeschrieben ist. Die Reorganisierung von Arbeit(steilung) hängt entsprechend eng mit der Umverteilung von Macht, Reichtum und Teilhabe sowie mit gesellschaftlicher und politischer Handlungsfähigkeit zusammen.

Die Umverteilung von Reichtum (zum Beispiel von Land und Wasser, von Einkommen und dem Reichtum selbst) und die Einkommensverteilung nach Gerechtigkeitskriterien sowie die Demokratisierung des Zugangs zu wirtschaftlichen Ressourcen (etwa Krediten) sind grundlegend für wirtschaftliche Alternativen, also für eine umfassende solidarische Ökonomie, einschließlich selbstverwalteter und öffentlicher Genossenschaften und gemeinschaftlichen Wirtschaftens.[57] Die Finanzen müssen den produktiven Apparat unterstützen und dürfen nicht länger Instrumente zur Akkumulation und Konzentration des Reichtums in wenigen Händen sein und noch weniger eine Spekulationsquelle.

Ein Blick auf die sozialen Machtstrukturen erlaubt zu verstehen, dass eine Wirtschaft, die nicht mehr wächst und nicht umgewandelt wird, monopolistische kapitalistische Tendenzen verstärken kann. Dies ist ein Thema, das sorgfältig analysiert werden sollte. Degrowth per se verändert die Strukturen und Konstellationen der Macht nicht. Wie Barbara Muraca feststellt, ist es möglich, dass selbst faschistische Strukturen und eine Art von verschärftem Nationalismus reproduziert werden, wenn die Machtstrukturen nicht aktiv bearbeitet werden.[58]

Eine der populärsten Strategien in der Debatte um Degrowth ist die Demonetarisierung ökonomischer Prozesse, also der Aufbau einer Tauschwirtschaft ohne Geld. Exner und andere argumentieren jedoch, dass dies nicht ausreichen wird ohne grundlegende Veränderung der sozio-ökonomischen und politischen Verhältnisse.[59]

Daher reicht die immer wieder vertretene Degrowth-Perspektive eines zu verändernden Ordnungsrahmens wahrscheinlich nicht aus, um sich den formulierten Zielen anzunähern, weil ja damit die tief verankerten Orientierungen und Machtverhältnisse noch nicht verändert sind.[60]

Schließlich: Degrowth ist eine Perspektive sich grundlegend verändernder Produktions- und Lebensverhältnisse, damit einhergehender Sozialstrukturen und Dispositive wie Vorstellungen eines guten Lebens (»Buen Vivir«). Präziser wäre zu formulieren: *Bedingungen* für ein gutes Leben, weil die Vorstellungen davon ja divers bleiben werden und auch nicht vorgegeben werden können. Mit Degrowth können aber auch die vielen Probleme und das Scheitern eines zufriedenen Lebens unter kapitalistischen Bedingungen formuliert werden.[61] Was sind aber die akzeptablen Korridore, und wie werden sie gesellschaftlich vereinbart? Wie werden Bedürfnisse und die Formen ihrer Befriedigung ausgehandelt?

Daran schließen sich wichtige Fragen an: Wie wird mit Menschen und Gruppen umgegangen, die andere Vorstellungen haben, und wie wird das Prinzip »Weniger ist mehr« nicht repressiv?[62] Wie wird mit der Spannung umgegangen, dass viel Lustvolles bei Bedürfnissen und ihrer Befriedigung darin besteht, sie nicht begründen zu müssen? Damit sind wir bei gesellschaftlichen Aushandlungsprozessen und bei demokratischen Strukturen und Prozessen. Auch in einer Gesellschaft, in der Prinzipien von Degrowth stärker werden, sollen zwar Zwang und Gewalt minimiert werden, es wird jedoch Spannungen, Machtverhältnisse und Konflikte geben, mit denen umgegangen werden muss. Diese Aspekte werden noch zu wenig thematisiert.

Wie wird mit Menschen und Gruppen umgegangen, die andere Vorstellungen haben?

Degrowth – eine Perspektive für den globalen Süden?

Es ist dringend notwendig, ernsthaft und verantwortungsvoll über den wirtschaftlichen Umbau im Sinne von Degrowth im globalen Norden zu sprechen, der den Rückbau von Produktion in bestimmten Branchen und die Reduktion von bestimmten Konsummustern beinhaltet – eine stationäre Ökonomie reicht nicht aus. Diese Transformaiton geht notwendigerweise Hand in Hand mit dem Post-Extraktivismus im globalen Süden.

Jetzt, wo die Grenzen der Nachhaltigkeit der Welt buchstäblich eingerissen sind, ist es unabdingbar, auf Lösungen zu setzen, die universell gedacht sind. Dies bedeutet, die Wirtschaft, die Politik und die Gesellschaftsstrukturen von ihren Wurzeln aus und in ihrer besonderen Dynamik neu zu denken.

Die Debatte über Degrowth befindet sich im globalen Süden in einem Vorstadium.

Die Debatte über Degrowth befindet sich im globalen Süden aber noch in einem Vorstadium. Das zeigt sich bei den verschiedenen Diskussionen zum Thema, die bisher ergeben, dass Begriff und Perspektive vor allem ein Thema für den globalen Norden sind.

Obwohl eindeutig ist, dass der kapitalistische Imperativ des Wachstums und die klassische Orientierung an der Entwicklung auch Probleme des Südens sind, schafft der Begriff »Degrowth« es noch nicht, den Widerstand und die Alternativen zu durchdringen. Ashish Kothari, ein bekannter Intellektueller aus Indien und Mitbegründer der NGO Kalpavriksh, weist in diesem Zusammenhang darauf hin, dass »spezifische Begriffe nicht für alle funktionieren«.

Auf der vierten internatoinalen Degrowth-Konferenz im Jahr 2014 in Leipzig stellte Beatriz Rodríguez-Labajos von der Autonomen Universität Barcelona und der internationalen Forschungsgruppe EJOLT[63] eine Umfrage zwischen Projektpartnern in Ecuador, Uruguay, Kenia, Nigeria und Südafrika[64] vor, die der Frage nachging, ob Degrowth als eine Perspektive für den globalen Süden dienen könnte. Diese Frage wird klar verneint. Ähnlich bemerkt Gudynas:

> Die südamerikanischen Positionen stimmen [mit der Degrowth-Perspektive] darin überein, auf die negativen Aspekte des Wachstums hinzuweisen, aber ihre Alternative besteht darin, den Begriff des Wachstums aus dem Zentrum der Entwicklungsdiskussion herauszunehmen. Ihre Sichtweise ist die des Nichtwachstums. Und tatsächlich stellt die Wachstumsrücknahme einiger Branchen in einigen heutzutage diskutierten Alternativmodellen nicht das Ziel dar, sondern ist als eine Folge der Suche nach gesellschaftlichen und umweltbezogenen Qualitätszielen zu verstehen.[65]

Ashish Kothari denkt in die gleiche Richtung. Er stellt fest, dass für die Gesellschaften des globalen Südens Degrowth oder Postwachstum keine adäquate Strategie ist, und dass das Grundlegende die Debatten über das »Gute Leben« sind (»Buen Vivir«, »Estar Bien« oder »Vivir Bien«). In diesem Zusammenhang schlägt er das Konzept der radikalen ökologischen Demokratie vor (siehe unten). Um das zu verstehen, muss man den Kontext und die Tendenzen berücksichtigen, die in letzter Zeit in Indien beobachtet wurden.

Das weltmarktindizierte Wachstum hat in Indien wenig formalisierte Arbeitsplätze geschaffen, aber über 100 Millionen Menschen in die informelle Ökonomie[66] gedrängt. Es werden Infrastrukturen, große Industrieunternehmen und Einkaufszentren errichtet,

> [...] aber mehr als zwei Drittel der indischen Bevölkerung werden weiterhin eines oder mehrerer Grundbedürfnisse beraubt: gesundes Essen, reines Wasser und Luft, Zugang zu angemessenem Wohnraum, sanitäre Grundversorgung und Energie, Schulungsmöglichkeiten, Gesundheit, produktive Nahrung.[67]

Der Wachstumsfetisch mit seiner Annahme, dass damit Armut bekämpft werden könnte, ist nach Kothari mitverantwortlich für die enormen Probleme. In ökologischer Hinsicht zeige eine Studie der indischen Wirtschaftskammer von 2008, dass Indien bereits doppelt so viele Ressourcen verbraucht wie die Menge, über die das Land verfügt. Beide Dimensionen werden von einer Schätzung der Weltbank von 2013 zusammengeführt: Schätzungsweise 5,7 Prozent des Wirtschaftswachstums gehen durch Umweltzerstörung wieder verloren, wobei vor allem die steigenden realen Ausgaben oder eigentlich notwendigen für Gesundheit aufgrund der Umweltzerstörung angeführt werden. Würden alle Umweltbelastungen in das BIP einberechnet, wäre dieses wahrscheinlich negativ.

Kothari weist ebenso darauf hin, dass in Indien die Fixierung auf das Wirtschaftswachstum Alternativen kaum zulässt und dass ihnen außerdem ein kohärenter Rahmen fehlt:

> Es wäre wichtig zu wissen, was das Wesen dieser Initiativen ist, und zu sehen, ob die Werte, die sich daraus ergeben, einen zusammenhängenden Rahmen bieten können, der in der Lage ist, die Perspektive und die Praktiken der derzeit dominierenden entwicklungszentrierten Mentalität des Wachstums herauszufordern.[68]

Der Name, den Kothari diesem Rahmen gibt, ist »radikal-ökologische Demokratie«. Er stattet ihn mit fünf äußerst mächtigen Elementen aus, die als allgemeine Referenz bei der Konstruktion von Alternativen gelten können:

- ökologische Nachhaltigkeit
- soziales Wohlbefinden und soziale Gerechtigkeit
- direkte Demokratie
- Wirtschaftsdemokratie
- Allgemeinwissen.

Das Konzept der ökologischen Gerechtigkeit könnte auch als Referenz für viele Debatten dienen. An diesem Punkt der Diskussion ist offensichtlich, dass es keine ökologische Gerechtigkeit geben kann, wenn sie nicht aus der Hand der sozialen Gerechtigkeit kommt und umgekehrt, wie wir bereits bei einigen Gelegenheiten festgestellt haben.

Insgesamt zeigen die jüngeren Diskussionen, dass der Begriff »Degrowth« in Ländern des globalen Südens als Orientierung für dortige Alternativen kaum verwendet wird. Doch in der Sache, nämlich der Zurückweisung der kapitalistischen Wachstums- und Entwicklungsimperative, ist er durchaus bedeutsam. Und er zeigt an, dass die Auseinandersetzungen um ein anderes Zivilisationsmodell, um andere Formen von Wohlstand und Lebensqualität, um ein ganz anderes Verhältnis zur Natur *global* geführt werden müssen: nämlich in den je spezifischen Kontexten und unter Berücksichtigung problematischer wie auch wünschenswerter Dynamiken andernorts.

Kapitel 4

Post-Extraktivismus als Bedingung für ein »Gutes Leben«

Degrowth ist wie beschrieben notwendig, um zu einer ganz anderen, nicht wachstumsgetriebenen, sondern produktiven und nichtausbeuterischen, solidarischen und ökologisch wirklich nachhaltigen Produktions- und Lebensweise zu gelangen und damit eine sozial-ökologische Transformation durchzusetzen. Wenn die Wirtschaftszwänge überwunden werden, können Wohlstand und Lebensqualität für mehr Menschen geschaffen werden. Dazu bedarf es einer tief greifenden Veränderung der Verteilungs- und Verbrauchsmuster. Für eine solche Veränderung gibt es im globalen Süden, insbesondere in Lateinamerika, wegweisende Ansätze. Einen davon, den Post-Extraktivismus und die damit verbundene emanzipatorische Vorstellung von »Buen Vivir« (Gutes Leben), halten wir für besonders zielführend.

»Buen Vivir« und Post-Extraktivismus

Wie wir gesehen haben, gibt es im globalen Norden viele Denker und bereits bestehende konkrete Alternativen, die die Grenzen des Wirtschaftswachstums aufzeigen. Aber was bedeutet das für den globalen Süden? Hier sind die bereits erwähnten Fragestellungen des mexikanischen Denkers Enrique Leff von großer Wichtigkeit. Er argumentiert, dass

> [...] wir nicht nur an Degrowth denken sollten, sondern an eine Transition zu einer nachhaltigen Wirtschaft. Sie kann keine Ökologisierung der bestehenden ökonomischen Rationalität sein, sondern eine andere Wirtschaftsform, die auf anderen Produktionsprinzipien beruht. Degrowth impliziert die Dekonstruktion der Wirtschaft, während eine neue Produktionsrationalität geschaffen wird.[1]

Für eine andere Zivilisation brauchen wir eine andere Wirtschaft. Das ist das akzeptierte Ziel. Und auch wenn die Diskussion um Degrowth nicht so stark ist wie in Europa, wird sie von der Sache her auch im Süden geführt.

Dies erfordert, dass die neuen Prinzipien der Wirtschaft sich um Solidarität und Gegenseitigkeit, um Komplementarität und Harmonie sowie um Relationalität drehen. Durch das Erkennen und die Wertschätzung anderer Kenntnisse und Praktiken sowie durch eine Neuinterpretation der Natur aus kulturellen Vorstellungswelten wie dem »Guten Leben« oder »Sumak Kawsay« könnte eine neue soziale, politische, wirtschaftliche, kulturelle Rationalität geschaffen werden, die für die Transformation unverzichtbar ist.

Die utilitaristischen Vorstellungen müssen anderen Ansätzen weichen, die auf den Rechten der Natur und auf den Menschenrechten basieren. So wird die Versorgung der Gesellschaften von diesen neuen und erneuerten Perspektiven des Lebens transformiert: das Wohnen und der Verkehr, die Städte und das Land, die Landwirtschaft und die Ernährung, die Bildung und die Gesundheit, die Kommunikation und die Kleidung.

In Lateinamerika gibt es zahlreiche Konzepte für mögliche Alternativen zur Logik des Kapitalismus. Degrowth und Postwachstum sind zwar bisher keine wesentlichen Bestandteil dieser Alternativen, es gibt jedoch andere leistungsfähige Optionen. Besonders in den Andenländern bekommen die Konzepte des »Buen Vivir« (Guten Lebens) oder »Buenos Convivires« (Guten Zusammenlebens) immer mehr Befürworter.[2] Sowohl in Ecuador (2008) als auch in Bolivien (2009) wurden die Prinzipien des »Buen Vivir« beziehungsweise »Vivir Bien« (Gut leben) zu wichtigen Teilen der Verfassung. Bei dieser Integration ging es um die Definition plurinationaler Staaten[3] und das Stärken der Autonomie indigener Völker sowie der kollektiven Rechte neben anderen grundlegenden Fortschritten in diese Richtung. In Ecuador wurden die Rechte der Natur sogar durch die Verfassung anerkannt (in Bolivien jedoch nicht).[4]

Diese alternativen Vorstellungen haben in Brasilien hingegen nicht genug Aufmerksamkeit erhalten. Dort orientieren sich viele Widerstandsbewegungen und Alternativen eher am Prinzip der ökologischen Gerechtigkeit.[5] In vielen konkreten Debatten sind die zentralen Themen die Ernährungssouveränität, das Recht auf Stadt, auf Staatsbürgerschaft und andere; aber allmählich nähern sie sich dem Paradigma des »Guten Lebens« an.

Der Terminus »Buen Vivir« (Gutes Leben) sollte hier aber zunächst einmal genau bestimmt werden, da es sich dabei um ein sehr kontroverses politisches und epistemisches Feld handelt.[6]

Was beim Konzept des »Buen Vivir« zählt, ist das menschliche Individuum, integriert in seine Gemeinschaft, das harmonische Beziehungen mit der Natur pflegt und dabei, individuell genauso wie in der Gemeinschaft, nach dem Aufbau eines nachhaltigen, würdigen Lebens für alle strebt. Zunächst muss man die Vorstellung eines universellen Plans für *das* »Gute Leben« ablegen, das zu jeder Zeit und an jedem Ort gültig und unbestreitbar ist. Es ist angemessener, von »Guten Leben« in der Mehrzahl zu sprechen, um der Konstruktion einer neuen Kultur, in der eine Pluralität der Ansätze mit einer Radikalität der Lösungen Hand in Hand geht, die Tore zu öffnen. Sie soll an die jeweiligen Visionen und Lebensweisen angepasst sein, die eine Praxis des harmonischen Lebens und ein Leben in Fülle anstreben.

Was beim Konzept des »Buen Vivir« zählt, ist das menschliche Individuum.

Die aktuellen Vorschläge zum »Buen Vivir« in Lateinamerika gehen keineswegs mit einem Rückgang im Sinne von Entmaterialisierung, Entsachlichung und Dezentralisierung einher.[7]

Große Teile der rasch wachsenden Mittelschichten in vielen lateinamerikanischen Ländern sind eher konsumistisch orientiert.

Das betrifft auch die staatlichen und Unternehmensstrategien: So wurde zum Beispiel der nationale Entwicklungsplan von Ecuador in den »Plan für ein ›Gutes Leben‹« umbenannt, der die Notwendigkeit propagiert, den Extraktivismus zu überwinden – aber in der Praxis wird dieses Motto nicht erfüllt, nicht einmal im Plan selbst. In Wirklichkeit vertieft die dortige Regierung die Rohstoffindustrie – sogar noch mehr als die früheren neoliberalen Regime –; angeblich, um aus dem Extraktivismus herauszukommen.

In diesem Zusammenhang entsteht ein anderes Konzept: der Post-Extraktivismus. Er ist aus einer doppelten Konstellation entstanden: einerseits aus der erfolgreichen Mobilisierung gegen den Neoliberalismus und andererseits aus der Infragestellung des Neo-Extraktivismus, der von neoliberalen oder progressiven Regierungen vorangetrieben wird. Der Versuch, den Post-Extraktivismus zu stärken und zu profilieren, kann als Versuch verstanden werden, zum einen die Bedingungen für Ansätze des »Guten Lebens« überhaupt erst zu schaffen und sich zum anderen in die Auseinandersetzungen um den Begriff des »Guten Lebens« mit einer radikalen Position einzubringen.

Diejenigen, die den Extraktivismus kritisieren, sehen in den im 3. Kapitel beschriebenen Tendenzen die Gefahr einer stärkeren Abhängigkeit der Region vom Weltmarkt. Solch eine stärkere Abhängigkeit würde eine noch größere Zerstörung der ökologischen Grundlagen verursachen sowie die Auslagerung von sozialen und ökologischen Ausgaben, die diese Form der Wirtschaft mit sich bringt, und auch das Risiko einer wachsenden Missachtung der Rechte sozialer und politischer

Minderheiten durch diejenigen, die politische und wirtschaftliche Macht besitzen.[8]

Die verschiedenen Extraktivismen (Bergbau, agroindustrielle Monokulturen, Kohlebergwerke, Gewinnung von fossilen Energieträgern etc.) führen zu Prozessen der territorialen Transformation, die zu einer Neuordnung von Landschaften, sozialen Beziehungen und Arbeitsverhältnissen führen und die sozialen wie biologischen Räume fragmentieren. Einige Merkmale dieser Prozesse sind die Änderung von territorialen Grenzen und Einhegungen *(enclosures)*, die Bildung von Enklaven, exklusive Nutzungsrechte, die Entdemokratisierung der Nutzung der Natur und die umfassende Naturzerstörung.[9] Entsprechend konzentrieren sich auch die Steuer- und Umweltgesetzgebung sowie die Infrastruktur- und Förderpolitiken auf Rohstoffgewinnung – allerdings generell ohne die Beteiligung der Bevölkerung in den betroffenen Regionen.[10] Sowohl in Bolivien als auch in Ecuador wurden so Bergbaugesetze mit einem starken Fokus auf die Interessen der Investoren erlassen.[11]

Die verschiedenen Extraktivismen führen zu einer Neuordnung von Landschaften, sozialen Beziehungen und Arbeitsverhältnissen.

Die Lebensweisen, der Konsum und die Produktion, die im globalen Norden und Süden die Natur rauben, kurbeln den Extraktivismus weiter an, wodurch ein Sozial- und Entwicklungsmodell gefördert wird, das durch das Konzept des Rohstoffexports vor allem auf der Aneignung von Ressourcen und der Rohstoffrenten beruht. Damit einher geht eine größere Abhängigkeit von der Volatilität der Preise und der oligopolistischen Macht transnationaler Konzerne.

Kritik und Widerstand gegen extraktive Praktiken gibt es allerorten, vor allem in den Regionen, in denen diese Aktivitäten stattfinden. Doch oft werden sie in anderen Regionen ignoriert und auf nationaler Ebene unterdrückt und unsichtbar gemacht.

In den letzten Jahren wurden diese Proteste und Kritiken als Teil der Bewegung des Post-Extraktivismus verstanden. Darin geht es zunächst darum, die Umkämpftheit und Kosten des bestehenden Entwicklungsmodells sichtbar zu machen,[12] um dann die Alternativen zu entwickeln, die es uns erlauben, die extraktiven Praktiken zu überwinden. Allerdings handelt es sich nicht um klar konturierte Akteurskonstellationen oder Bündnisse.

Zentrale Elemente des Post-Extraktivismus

In analoger Form zum Degrowth kritisiert der Post-Extraktivismus nicht nur die Ausbeutung natürlicher Ressourcen und sozioökonomische, politische und ökologische Probleme, die diese Praxis mit sich bringt, er hält auch fest, dass viel umfassender die gegenwärtigen Modelle, Konzepte und Entwicklungspraktiken infrage gestellt werden müssen. Er widerspricht dem unerschütterlichen Glauben der modernen Zeit an Fortschritt, Technologie, das Wachstumsparadigma und der Auffassung der Natur als auszubeutender Ressource. Er hinterfragt zudem die autoritären und vertikalen politischen Handlungsmuster und die Asymmetrie der Integration in den Weltmarkt. Denken und Handeln in der Kategorie »Entwicklung« wird dahingehend kritisiert, dass das Entwicklungsdenken und die damit verbundenen Praktiken als herrschaftlich dechiffriert werden: Ein dualistisches Denken unterscheidet entwickelt und unterentwickelt, arm und reich, fortgeschritten und rückschrittlich, zivilisiert und weniger oder unzivilisiert, Zentrum und Peripherie. »Entwicklung« wird teleologisch gedacht, d.h. hin auf ein vermeintlich klares Ziel, es negiert Alternativen, Träume und Kämpfe. Das sind Kategorien, um Herrschaft und Unterordnung zuzuweisen.[13]

Insofern weist der Begriff Überschneidungen auf mit jenem des Postdevelopment (Escobar 1995).[14] Er beinhaltet keine generelle Ablehnung jeglicher Nutzung oder gesellschaftlichen Aneignung natürlicher Ressourcen. Was er ablehnt, ist die Beherrschung und Zerstörung der Natur, die Marginalisierung und Ausbeutung von Menschen sowie lokaler und regionaler Sozialstrukturen, die, motiviert durch den globalen kapitalistischen Markt, Aneignung begünstigen.

Zur Kritik und Ablehnung der europäischen instrumentellen und imperialen Logik gesellt sich die Forderung, Wissen und seine Systeme zu dekolonialisieren. Die »Epistemologie des Südens« (de Sousa Santos 2014) versucht zu zeigen, dass das europäische Denken impliziert, große Teile der Welt seien unordentlich und müssten deswegen ausgebeutet, unterdrückt und schließlich in die europäische Vorstellung integriert werden. Kurz: Sie müssten »zivilisiert« werden. Aus der Perspektive einer neuen und emanzipatorischen Ökologie des Wissens heraus würden verschiedene Wissensformen als gleichwertig anerkannt werden, um als Entkolonisierungselemente zu wirken – oder in wissenschaftlichen und technologischen Termini: um eine Koproduktion von Wissen anzustreben.[15]

Wissen und Wissenssysteme müssen dekolonialisiert werden.

Im Allgemeinen beginnt die Debatte um Post-Extraktivismus mit der Einsicht, dass wir heute eine universelle Zivilisationskrise erleben und nicht nur eine wirtschaftliche, finanzielle oder multiple Krise. Dies deckt sich mit unserer Ausgangshypothese, die davon ausging, dass wir bereits eine Zivilisationskrise erleben. In Lateinamerika ist es jedoch nicht einfach, diese Idee in die öffentliche Debatte oder in das tägliche Denken der Bevölkerung einzuführen. Es herrscht eine enorme Illusion in Bezug auf die Vorteile, die «Fortschritt« und »Entwicklung« vermeintlich mit sich bringen, auch wenn sie nur ihre wahre Triebkraft – die kapitalistische Expansion – verbergen. Daher ist es so wichtig, auf die enormen Implikationen des Neo-Extraktivismus und seiner kulturell-symbolischen Bedeutung hinzuweisen: Es werden nicht nur neue Territorien rekolonialisiert, sondern auch Kulturen und Köpfe.

Im Gegensatz zu europäischen Debatten über Degrowth und Transformation ist die Erfahrung insbesondere in den Andenländern (Bolivien und Ecuador), dass die radikalen sozialen Bewegungen zu progressiven Regierungen und neuen Verfassungen geführt haben. Die Gesellschaft hat in wichtigen Konflikten und Kämpfen Veränderungen durchgemacht, die weiterhin präsent sind. Und obwohl die Regierungen dieser Länder zu einfachen Modernisierern des Kapitalismus geworden sind, gibt es Potenziale für Veränderungen, um die extraktivistischen Gesellschaften zu überwinden – und damit einher gehend die alten kolonialen sozialpolitischen und kulturellen Verhältnisse.

Mit den Vorschlägen des »Guten Lebens« sollen nicht die Vergangenheit zurückgeholt oder die Lebensweisen indigener Gemeinschaften idealisieren werden. Es ist nur der Versuch, multiples Wissen und Erfahrungen sowie Praktiken in allen Lebensbereichen zu erkennen und zu respektieren. In Bolivien gibt es beispielsweise seit Jahrhunderten die lebensweltliche und organisatorische Grundeinheit der Indigenen, den *ayllu*[16], der auch für die Organisation von Widerstand und Alternativen von grundlegender Bedeutung ist.[17] Solche Konzepte in neue Lebens- und Gesellschaftsmodelle einzubeziehen ist essenziell.

Die Tatsache, dass progressive Regierungen ein Modell neo-extraktivistischen Wachstums fördern, führt zu neuen Mobilisierungen.[18] Die emblematischsten Beispiele sind der bolivianische Konflikt rund um TIPNIS (Territorio Indígena und Parque Nacional Isiboro-Secure), die Proteste gegen das

Projekt des Staudamms Belo Monte im Nordosten Brasiliens und der Konflikt um die Bergbau-Expansion in Ecuador, wo die Yasuní-ITT-Initiative (vorerst) gescheitert ist, insbesondere aufgrund der Unfähigkeit der Regierung Correa, eine angemessene politische Strategie auszuarbeiten (siehe weiter unten).

Die gegenwärtigen Kämpfe drehen sich stets um bestimmte Territorien. Maristella Svampa führte den Begriff »ökoterritoriale Wende« ein, um hervorzuheben, dass es in Lateinamerika vor allem um das Kämpfen um Land und Territorien geht, damit einhergehend um mehr Autonomie und Selbstbestimmung, um Kämpfe gegen soziale Marginalisierung, gegen die Zerstörung der Umwelt und gegen die Inwertsetzung von Mensch und Natur. Die wichtigsten Forderungen beziehen sich auf Moratorien gegen Megaprojekte wie Bergbau oder Großstaudämme und für die Beteiligung der betroffenen Bevölkerung an der Projektplanung. Kristina Dietz führt die Idee weiter:

> Ein geteilter Bezugspunkt kollektiven Handels in aktuellen sozialen Kämpfen in der Region ist häufig das ›Territorium‹ in einem weitgefassten Sinne. Territoriale Kämpfe drehen sich um die Frage, wer politische und ökonomische Macht im Raum ausübt, mit welchen Mitteln, wodurch legitimiert und verbunden mit welchen politischen Ordnungs- sowie sozialen und kulturellen Organisationsvorstellungen. Ländliche Gebiete, in denen Bergbauaktivitäten oder der Gensojaanbau ausgeweitet werden und in denen sich Landbesitz in den Händen weniger konzentriert, oder städtische (Armen-)Viertel, die ökonomisch aufgewertet und staatlich überwacht werden, sind nicht nur territoriale Verwaltungseinheiten eines übergeordneten politischen Gemeinwesens. Sie sind Räume, in denen um politische Selbstbestimmung, Partizipation und Anerkennung sowie um grundlegende soziale Rechte wie Zugang zu Land und Wasser oder Ernährungssouveränität gekämpft wird. Es ließe sich sagen, dass in aktuellen sozialen Kämpfen ›ums Territorium‹ in Lateinamerika eine andere gesellschaftliche und demokratische Praxis zur Disposition steht, denn es geht bei der Besetzung von Land mit dem Ziel der Zugangssicherung und der Umverteilung, bei der Blockade von Straßen mit dem Ziel, eine bergbauliche Erschließung zu verhindern, oder bei der Besetzung von Häusern mit dem Ziel der

Wohnraumsicherung nicht nur um materielle Fragen, sondern auch um die Schaffung von Räumen, in denen Alternativen zur Entwicklung überhaupt erst entworfen werden können.[19]

In dieser Hinsicht unterscheidet die lateinamerikanische Debatte drei Formen des Extraktivismus: erstens einen »plündernden« *(depredador)* Extraktivismus, der gegenwärtig praktiziert wird, zweitens einen »behutsamen« *(sensato)* Extraktivismus, der bestimmte ökologische und soziale Standards respektiert und in der post-extraktivistischen Übergangsphase eingesetzt werden soll, und drittens den für die Gesellschaft »unverzichtbaren« *(indispensable)* Extraktivismus – wobei die Kriterien dieses Ansatzes stets Gegenstand auch sozialer Verhandlungen sind (Gudynas 2011, S. 67-69). Im Grunde kann man bei der dritten Variante nicht mehr von Extraktivismus als Entwicklungsmodell sprechen, sondern eher von umsichtigen und gesellschaftspolitisch vereinbarten Formen der Rohstoffextraktion und -nutzung.

In einer ersten Übergangsphase würde durch das Einführen sozialer und ökologischer Standards, moderner Technologien, von Ausgleichszahlungen für die betroffene Bevölkerung und anderen Maßnahmen der Übergang zu einer post-extraktivistischen Wirtschaft und Gesellschaft ermöglicht, indem der räuberische Extraktivismus überwunden wird. Dies würde die wirtschaftliche Abhängigkeit von Rohstoffen reduzieren und sogar den Handlungsspielraum des Staates für eine alternative Wirtschaftspolitik erweitern.

Eine zweite Phase bestünde aus dem Übergang zu einem Wirtschaftsmodell, in dem die Ausbeutung natürlicher Ressourcen auf ein Minimum reduziert wird. Das ginge einher mit der Anerkennung einer pluralen Ökonomie (inklusive solidarischer und kommunitärer Formen), Agrarreformen, angepassten Technologien, einem Umbau der bestehenden Steuer- und Subventionssysteme entlang von Kriterien sozialer und ökologischer Gerechtigkeit, einem grundlegenden Umbau der tendenziell autoritären Bildungssysteme und -verständnisse. In den Andenländern würden auch die plurinationalen Staaten erweitert. Ebenso würden Zusammenarbeit und Integration auf der Grundlage von Solidarität und gegenseitigem Respekt auf lateinamerikanischer Ebene im Allgemeinen intensiviert.

Die Förderung und Stärkung alternativer Lebensweisen erfordert politische und institutionelle Unterstützung.

Die Förderung und Stärkung alternativer Lebensweisen, basierend auf sozialer Gerechtigkeit und ökologischer Nachhaltigkeit, erfordert politische und institutionelle Unterstützung und beinhaltet einen Lernprozess. Es gibt keinen Masterplan, aber Ideen, Visionen und Praktiken für ein »Gutes Leben«, die auf nichtautoritäre Weise entwickelt und umgesetzt werden und dabei den konkreten Kontext berücksichtigen müssen. Das Nichtvorhan-densein eines Masterplans ist eine der größten Möglichkeiten, da sie von dogmatischen und autoritären Abenteuern befreit, die von oben oder auch von außen auferlegt werden (wie eben der Masterplan der kapitalistischen Entwicklung durch Extraktivismus).

Darüber hinaus führt die multiple Krise zwangsläufig dazu, die gegenwärtigen gesellschaftspolitischen Institutionen infrage zu stellen. Wir wissen, dass

> [...] in der ökologischen Krise nicht nur die Ressourcen des Ökosystems überlastet, verzerrt, erschöpft sind, sondern auch die »Systeme des sozialen Funktionierens«, oder anders ausgedrückt: Es wird zu viel verlangt von den institutionalisierten Formen der sozialen Regulierung; die Gesellschaft wird zu einem ökologischen Risiko.[20]

Dieses Risiko verstärkt die ausschließenden und autoritären Tendenzen sowie die Ungleichheiten und Ungerechtigkeiten, die für das kapitalistische System so charakteristisch sind: »ein Wertesystem, ein Existenzmodell, eine Zivilisation: die

Zivilisation der Ungleichheit«, wie der österreichische Ökonom Joseph Schumpeter sie beschrieb.[21]

Die Aufgabe scheint offensichtlich, aber sie ist sehr komplex. Anstatt die Dichotomie zwischen der Natur und dem Menschen aufrechtzuerhalten, müssen wir sie zusammendenken, als gesellschaftliche Naturverhältnisse, und entsprechend handeln. So etwas wie der Versuch, den Gordischen Knoten zu knüpfen, der durch die Kraft eines räuberischen und nicht tolerierbaren Lebenskonzepts gerissen ist. Bruno Latour sagt,

> immer geht es darum, den gordischen Knoten neu zu knüpfen, indem man so oft wie nötig die Grenze überschreitet, welche die exakten Wissenschaften von der Ausübung der Macht trennt, oder sagen wir: die Natur von der Kultur.[22]

Um diese zivilisatorische Transformation zu erreichen, liegt eine der ersten Aufgaben in der Entökonomisierung der Natur als Teil einer bewussten Wiederverknüpfung mit der Natur. Stadtbewohner müssen begreifen und annehmen, dass Wasser zum Beispiel nicht einfach nur aus den Supermärkten oder von der städtischen Wasserversorgung kommt und dass Abwasser nicht einfach in ein unbeteiligtes Nirwana fließt. Darüber hinaus müssen wirtschaftliche Ziele das Funktionieren natürlicher Systeme respektieren, ohne die Achtung der Menschenwürde aus den Augen zu verlieren und indem sie die Lebensqualität der Menschen gewährleisten.

Schaffen wir das, dann werden aus der Vielfalt der Gesellschaft Freiheit, Fairness und Glück für alle geschaffen. Die Aufgabe besteht insbesondere darin, Institutionen und Normen zu bilden, um eine radikalere Demokratie zu entwickeln und zu konsolidieren. Von dort aus muss ein post-extraktivistischer Übergang als ein Prozess umfassender Demokratisierung aufgebaut werden, in dem sich Reform, strukturelle Transformation mit Kritik und Widerstandsrecht verbinden.

Die Demokratisierung der bestehenden Demokratie erfordert neben Elementen der Repräsentation auch direktdemokratische Elemente, insbesondere auf der kommunalen Ebene. Dass dies ambivalent ist, zeigen die aktuellen Versuche rechtsextremer Parteien, die direkte Demokratie zu stärken. Sie wollen damit die Institutionen aushebeln und die Regierungen zu vermeintlichen Vollstreckern eines »Volkswillens« machen (der oft genug rassistisch und ausgrenzend ist bzw. zu einem solchen geformt wird). Emanzipatorische Demokratie sieht die Notwendigkeit von Institutionen, der Anerkennung von Pluralität, von Streit und Konflikten. Außerdem ist Demokratie anstrengend: Menschen müssen sich informieren (und auch gut informieren können), um überhaupt über die Kompetenzen zur demokratischen Teilhabe zu verfügen; und sie müssen – ohne sich per se zu überfordern, denn dann wird Politik doch wieder weitgehend zur Profession Einzelner – angemessene Möglichkeiten der Partizipation haben. Das erfordert viel Aufwand und viel Kreativität.

Wie die Degrowth-Perspektive impliziert der Post-Extraktivismus große und breite soziale Transformationen. In beiden Debatten ist das Konzept der Umweltgerechtigkeit von entscheidender Bedeutung. Unserer Ansicht nach konzentriert sich der Post-Extraktivismus mehr auf die Schaffung sozialer Bedingungen und Formen sozialer Reproduktion, indem er ins Soziale ökonomische und ökologische Aspekte einbezieht. Auch hier stimmt der Post-Extraktivismus sehr eng mit den lateinamerikanischen Erfahrungen, aber auch mit den feministischen Perspektiven der Debatte um Degrowth überein.[23]

Andere Konzepte von Natur, Naturverhältnissen und die Forderung nach Anerkennung der Rechte der Natur in der Post-Extraktivismus-Debatte gehen über die Degrowth-Perspektive hinaus. Die kapitalistisch geprägten modernen gesellschaftlichen Naturverhältnisse mit ihrer Dichotomisierung von Gesellschaft und Natur und der kaum hinterfragten Perspektive der Unterwerfung und Nutzung – tendenziell eben dramatischen Übernutzung bis hin zur Zerstörung – werden radikaler hinterfragt.

Die *óptica mercantilista*, die Natur als Ware betrachtet und von den konkreten Naturqualitäten und ihren Reproduktionsbedingungen abstrahiert, wird als eurozentrische Perspektive kritisiert. Natur ist nicht der Gesellschaft äußerlich, sie ist nichtmanipulier- und zerlegbar, vielmehr geht es darum, »den Menschen als Teil des Lebensgeflechts neu zu verstehen«[24] und der außermenschlichen Natur einen eigenen Stellenwert zuzuweisen.

Entsprechend wird Erfahrungen und Gefühlen ein höherer Stellenwert eingeräumt als in den Degrowth-Debatten (obwohl sie auch dort nicht völlig absent sind). Das hat mit wesentlich elaborierteren politischen Diskussionen, mit der Geschichte der Ressourcenausbeutung und mit den für viele Menschen direkt erlebbaren negativen Implikationen zu tun.

Wir brauchen kollektive Rechte für Gemeinschaften sowie für nichtmenschliche Lebewesen.

Das ist auch einer der Gründe, warum in den Verfassungen von Bolivien und Ecuador die Natur umfassend geschützt wird. Rechte werden nicht nur Einzelpersonen gewährt, es gibt auch kollektive Rechte für Gruppen und Gemeinschaften sowie für nichtmenschliche Lebewesen, einschließlich der Pachamama (Mutter Erde).

Von den indigenen Protestbewegungen ermutigt, sind in Lateinamerika wichtige Debatten über Interkulturalität entstanden, vor allem in den Andenländern. Im Gegensatz zum liberalen Konzept des Multikulturalismus schlägt der Diskurs der Interkulturalität einen Dialog über Alternativen zum vereinheitlichenden Diskurs der »Entwicklung« vor, der alle kulturellen Beiträge würdigt, seien es Erkenntnisse oder Fachwissen, die in der Lage sind, die kapitalistische Moderne zu hinterfragen und tendenziell zu überwinden.

In den Diskussionen über das »Gute Leben«, Post-Extraktivismus oder Alternativen zum aktuellen Entwicklungsmodell zeigt sich, dass diese Ansätze sich stärker mit den Themen Macht und Herrschaft auseinandersetzen als die Degrowth-Debatte (siehe oben). Das liegt an den Erfahrungen der Region, denn offene und strukturelle Gewalt, Ausgrenzung, Demütigung, aber auch unterschiedliche Machtverhältnisse sind in Lateinamerika viel stärker ausgeprägt als in vielen Teilen Europas. In der lateinamerikanischen Welt erfahren die Menschen die Gewalt durch Machtstrukturen täglich ganz offen.

Viele Erfahrungen und Debatten um »Buen Vivir«, auf die wir uns beziehen, sind vor allem aus indigenen Lebenserfahrungen und territorialen Konflikten entstanden. Die Frage ist, ob diese Debatten für einen Kontinent wie Europa geeignet sind, wo etwa die Urbanisierungsprozesse sehr weit fortgeschritten sind und viele Menschen bereits den Kontakt zum Land – und damit zur Landwirtschaft – verloren haben. Diese Bedenken gelten gleichermaßen für den amerikanischen Kontinent, wo der unaufhaltsame Prozess der Urbanisierung dazu geführt hat, dass bereits mehr als die Hälfte der EinwohnerInnen in Städten leben.

Die Yasuní-ITT-Initiative: ein revolutionärer Vorschlag und seine Grenzen

In einem Buch, in dem es um grundlegende Kritik an der kapitalistischen Entwicklungsdynamik und um emanzipatorische Alternativen geht, möchten wir auf einen der wichtigsten und aussagekräftigsten Konflikte eingehen, der die Probleme abbildet.

Der ecuadorianische Amazonas ist seit Jahrzehnten vom wachsenden Extraktivismus betroffen, vor allem durch Ölförderung.[25] Dadurch werden ein großer Teil der Export- und Staatseinnahmen des südamerikanischen Landes erzielt, doch diese werden von ecuadorianischen und internationalen Akteuren angeeignet, die außerhalb der Region leben. Doch seit Beginn der Ölförderung in den 1970er-Jahren – Erdöl wurde 1967 entdeckt und mit dem Bau einer Pipeline seit Beginn der 1970er-Jahre in großem Maße exportiert – verschlechtert sich die dortige Biodiversität, eine der reichsten der Welt, rapide, und indigene Völker sehen sich gezwungen, auf immer kleinerem Raum zu leben, in den letzten Gebieten unberührter Wälder. Das führt zu einem zunehmenden Widerstand dieser Gruppen und auch der eingewanderten SiedlerInnen gegen die extraktivistischen Aktivitäten.

Aus dieser komplexen Realität entstand auf verschiedenen Gebieten und nicht nur im Amazonasgebiet Widerstand gegen die Ölgewinnung und in jüngster Zeit auch gegen den Megabergbau. Diesem Widerstand, der einen Meilenstein im Prozess gegen das transnationale Unternehmen Chevron-Texaco gesetzt hat, haben sich auch Organisationen angeschlossen, die Alternativen formuliert haben. Eine von ihnen, die auch international bekannt ist, ist die Yasuní-ITT-Initiative aus dem Jahr 2007.[26] Es geht darum, auf die Ausbeutung eines Ölfeldes im Osten des Nationalparks zu verzichten, das zwischen etwa einer Millarde und 1,6 Milliarden Fass *(Barrel)* Rohöl birgt. Bei einer täglichen Ausbeutung von etwa 120.000 Barrel wären das circa 35 Jahre Erdöleinnahmen für Ecuador, aber ein unwiederbringlicher Verlust für immer.

Die Forderungen der Initiative gegen die Ausbeutung des Öls beinhalten folgende Punkte:

1. den Schutz des Territoriums und damit des Lebens der indigenen Völker;

2. das Bewahren einer unvergleichlichen biologischen Vielfalt, die auf dem Planeten einzigartig ist und zudem die größte bisher von der Wissenschaft erfasste.
3. Indem eine beträchtliche Menge Öl im Boden belassen wird, werden die Emission von 410 Millionen Tonnen CO_2 vermieden und das globale Klima geschützt.
4. Damit soll ein erster Schritt hin zum Übergang zur Postölära in Ecuador gemacht werden, was eine Vorbildwirkung für andere Regionen zur Folge hätte.
5. Die Suche nach konkreten Antworten auf die gravierenden globalen Probleme, die sich aus den klimatischen Veränderungen ergeben, die der Mensch vor allem in dieser letzten Phase der globalen Expansion des Kapitals auslöst – und zwar kollektiv, als Menschheit – soll gefördert werden.

Die ecuadorianische Regierung hat zunächst versucht, das Thema Nachhaltigkeit zu positionieren, um wenigstens eines ihrer Wahlversprechen einzuhalten, und hat diese Initiative, die aus der Zivilgesellschaft heraus entstanden ist, in ihr politisches Programm aufgenommen. Es wurde beschlossen, das Yasuní-Gebiet nicht als Ölförderungsgebiet zu erschließen. Ecuador erwartete dafür auch einen finanziellen Beitrag der internationalen Gemeinschaft, die so die Verantwortung für die Umweltzerstörung auf vielen Ebenen übernehmen sollte, eine Zerstörung, die von verschiedenen Gesellschaften des Planeten verursacht wird, besonders aber von den reichsten. Es sollte dabei aber nicht um eine einfache monetäre Entschädigung gehen, um gleichzeitig anderswo den Extraktivismus zu forcieren. Vielmehr war die Yasuní-ITT-Initiative Teil der Idee des »Guten Lebens« oder »Sumak Kawsay« als eine Alternative zur Entwicklung und um die gravierenden Probleme, die der Extraktivismus verursacht, zu stoppen und rückgängig zu machen.

Die Idee erhielt die Unterstützung und das Interesse mehrerer nationaler und internationaler Akteure, Bewegungen und

Regierungen – insbesondere im Rahmen der Klimaverhandlungen, aber auch durch die deutsche Regierung –, dennoch ist sie Mitte 2013 gescheitert. Präsident Correa gab dem Druck der Ölkonzerne und dem Wunsch nach den Renteneinnahmen aus Erdöl nach und beendete diese weltweit einzigartige politische Initiative. Das Argument war, dass die internationale Regierung nicht ausreichend Mittel zur Kompensation bereitgestellt habe, womit er recht hat. Dennoch wird von der ecuadorianischen Regierung die welthistorische Bedeutung der Initiative damit geleugnet. Im März 2016 leitete die Firma Petroamazonas die erste Bohrung eines Bohrlochs zur Extraktion von Öl auf den bis vor wenigen Jahren geschützten Feldern durch; ein Teil befindet sich in dem Bereich des Yasuní-Nationalparks, der im ursprünglichen Plan nicht berührt werden sollte. Rafael Correa selbst hat im Jahr 2006, bevor er Präsident der Republik wurde, bekräftigt, dass solche Operationen ein »Vaterlandsverrat« sind; heute ist seine damalige Rede Schall und Rauch.[27]

Auf diese Weise hat die Regierung eine einzigartige Gelegenheit über Bord geworfen, die weltweit breite öffentliche Unterstützung erhalten hatte. Und auch die Versuche nach der Ankündigung des Präsidenten, das Öl auszubeuten, doch noch ein Moratorium zu erreichen, scheiterten: Das Ergebnis Hunderttausender Unterschriften, gesammelt von dem Kollektiv Yasunidos und anderen sozialen Akteuren, die eine Volksbefragung zur Nichtausbeutung fossiler Brennstoffe forderten, wurde im Mai 2014 vom Nationalen Wahlrat entkräftet, rund 60 Prozent der Unterschriften wurden für ungültig erklärt.

Diese Initiative erscheint damit vorerst als Misserfolg, weil die reichen Länder ihre Verantwortung nicht übernommen haben und vor allem weil die ecuadorianische Regierung der revolutionären Forderung der Zivilgesellschaft nicht gewachsen war. Aber es gibt eine wichtige Lehre aus den Ereignissen:

Es war nicht genug, dass die Zivilgesellschaft diesen Vorschlag entwickelt und es dann dem Staat überlassen hat, danach zu handeln. Die Zivilgesellschaft sollte diesen revolutionären Vorschlag weiterhin direkt und aktiv verfolgen, sowohl innerhalb als auch außerhalb des Landes.

Eine Gruppe, die den Vorschlag weiterverfolgt, ist das Kollektiv Yasunidos, gegründet im August 2013. Trotz der gewalttätigen Diskurse und autoritären Drohungen, die für eine intolerante Regierung charakteristisch sind, hat das Kollektiv nicht aufgehört, seine Forderungen in die Weltöffentlichkeit zu tragen. Auf der Grundlage der genannten fünf Säulen der Initiative Yasuní ITT hat sie kurz vor den Präsidentschafts- und Parlamentswahlen in Ecuador Anfang 2017 eine Agenda formuliert, um die Präsidentschaftskandidaten mit den folgenden grundlegenden Forderungen zu konfrontieren. Diese Agenda für die Wiedereinrichtung des Schutzgebietes von Yasuní gilt auch über die Wahl hinaus als wichtige Forderungen sozialer Bewegungen. Einige lauten: Die erteilten Öl- und Bergbaukonzessionen müssen von unabhängigen Einrichtungen auf Umweltverträglichkeit hin geprüft werden; die verfassungswidrigen Elemente des jüngsten Bergbaugesetzes müssen wieder gestrichen werden (etwa der Schutz von Wasserquellen), ausgewiesene Schutzgebiete, insbesondere in jenen von indigenen Völkern, müssen respektiert werden, Ölförderung ist dort untersagt; Partizipation und kostenlose, freie und informierte vorherige Befragungen der Betroffenen (wie sie im Völkerrecht festgeschrieben sind) müssen durchgeführt werden; Personen, die durch gerichtliche Prozesse verfolgt wurden, weil sie ihre Ideen, Menschenrechte oder die Rechte der Natur verteidigt haben, müssen amnestiert werden; Einfuhr und Anbau von transgenen

Die ecuadorianische Regierung hat eine einzigartige Gelegenheit über Bord geworfen.

Pflanzen müssen untersagt, die kleinbäuerliche Landwirtschaft gefördert werden.[28]

Im Anschluss an die Wahlen im April 2017 verschärfte eine »progressive« Regierung, ganz entgegen diesen Forderungen, die wirtschaftliche Abhängigkeit von Primärgüterexporten. Auf der Strecke blieben dabei ökologische und soziale Fragen wie auch solche einer eigenständigen Wirtschaftspolitik.

Der Fall Yasuní zeigt, dass es nicht die (einzige) Lösung sein kann, an der Macht des Staates anzusetzen und die Realität von dort aus verändern zu wollen. Der Staat ist nicht der einzige Akteur und auch nicht der Hauptakteur, um die notwendigen strukturellen Veränderungen voranzutreiben. Der Staat reproduziert und konsolidiert tendenziell die bestehenden Herrschaftsverhältnisse. Die große Transformation, die diese Art von revolutionären Vorschlägen fordert, braucht die breite Teilnahme von politischen Organisationen und sozialen Bewegungen aus der ganzen Welt. Der lokale und nationale Kampf ist fundamental, aber er wird keine große Strahlkraft haben, wenn nicht auch global agiert wird.

Nachdem wir in den letzten beiden Kapiteln die historischen und aktuellen gesellschaftspolitischen Kontexte der Diskussionen um Post-Extraktivismus und Degrowth dargestellt haben, möchten wir im nächsten Kapitel in einer Art fingiertem transnationalen Dialog die beiden Perspektiven miteinander »ins Gespräch« bringen.

Kapitel 5
Post-Extraktivismus und Degrowth gemeinsam gedacht

In Lateinamerika ist die Idee der Entwicklung tief verwurzelt. Die Notwendigkeit, sich zu entwickeln, also wirtschaftlich zu wachsen, und die dazugehörenden jeweiligen Praktiken gelten als selbstverständlich. Die jüngsten Kritiken beschränken sich zwar nicht darauf, den neoliberalen Kapitalismus, der immer autoritärer wird, abzulehnen, sie äußern auch ihre Frustration über die Unfähigkeit oder den Unwilligkeiten der progressiven Regierungen, mit dem Extraktivismus zu brechen.[1] Kritik am Wirtschaftswachstum steht jedoch nicht auf der Tagesordnung.

Im Gegensatz dazu entsteht die aktuelle Debatte um Degrowth, insbesondere in Europa, vor allem wegen der multiplen Krise, in der sich dieser Kontinent befindet, und sie stützt sich auch auf frühere Überlegungen, die eine Reihe von Diskussionen anregen, die weit über die konjunkturellen Aspekte hinausgehen.

Gemeinsamkeiten von Degrowth und Post-Extraktivismus

Was die beiden Perspektiven teilen, ist die tief greifende Kritik am Kapitalismus, vor allem an seinem neoliberalen Stadium, das eine wachsende Kommodifizierung sozialer Beziehungen und der Natur mit sich bringt. Gleichermaßen stimmen beide Perspektiven darin überein, dass das eigentliche soziale Problem auf die tief verwurzelten Vorstellungen und Praktiken des Fortschritts, der Entwicklung und des Wachstums zurückzuführen ist. Beide bringen verschiedene Krisenelemente und Konfliktachsen zusammen und entwickeln eine gesamtgesellschaftliche Perspektive. Soziale Ungleichheit und die ökologischen Probleme bilden zentrale Kritikpunkte – so besteht etwa der Konsens, dass ein Großteil der bekannten Reserven an fossilen Energieträgern im Boden bleiben muss.

Post-Extraktivismus und Degrowth agieren in einem Feld, in dem es mehrere progressive Kräfte gibt (politisch links und kritisch analytisch). Andere progressive und kritische Akteure haben weiterhin starke Entwicklungs- und Wachstumsorientierungen – inklusive grünen Wachstums, nachhaltiger Entwicklung, mit Verweisen auf Verteilungs- und Gerechtigkeitsfragen. Insofern beabsichtigen beide Positionen, die häufig anzutreffende Verengung der progressiven wirtschafts- und gesellschaftspolitischen Debatte auf Verteilungsfragen zu politisieren. In diesem Sinne stellen sie sich falschen Alternativen entgegen: jenen zu realpolitischen Antworten, die sich damit abfinden, die Realität als etwas Gegebenes und schwierig zu Veränderndes anzusehen. Andere Vorstellungswelten *(imaginaries, imaginarios)* und deren Entstehung sind zentral für Veränderungen.

Beide Perspektiven setzen auf soziale Kräfte, die überhaupt willens sind, weitreichende Veränderungen sich vorzustellen und voranzutreiben. Dabei wird eine hohe Pluralität hinsichtlich der Ziele und Wege angenommen, weder ein Masterplan noch eine einheitliche Strategie sind beabsichtigt. Strategien, Initiativen und Bündnisse sind kontextabhängig zu entwerfen – oder entstehen ganz praktisch – und zu verfolgen.

Aus der bisher gesammelten Erfahrung heraus wird akzeptiert, dass es keine vorbestimmten Wege gibt; es wird auch nicht beabsichtigt, einen Masterplan oder eine einzige gültige Strategie zu erstellen. Es ist klar, dass jede Strategie, Initiative und Allianz unter Berücksichtigung des spezifischen Kontexts aufgebaut und entwickelt werden muss und unter Beteiligung vielfältiger politischer Subjekte als Träger der Veränderung.

Es besteht vorderhand wenig Vertrauen in bestehende gesellschaftliche und politische Institutionen wie Staat, Markt oder Öffentlichkeit, ohne dass deren Bedeutung für Transformationsprozesse negiert wird. Insbesondere der Staat, in anderen progressiven Ansätzen als zentraler Veränderungsmotor gesehen, wird tief verbunden verstanden mit dem als problematisch erachteten Entwicklungsmodell. Sowohl Degrowth als auch Post-Extraktivismus verweisen auf bestehende und zu schaffende Formen eines anderen Begriffs von Wohlstand und von Lebensqualität. Dabei geht es um politische Beteiligung und Gestaltung, sozial-ökologisch verträgliche Produktion und ein attraktives Leben für alle Menschen. Um dies zu erreichen, müssen ihnen zufolge die destabilisierenden Formen des kapitalistischen Wachstums und die daraus resultierenden Interessen verändert werden. Nur so ist es möglich, soziale Bedingungen zu schaffen, die es den Menschen ermöglichen, sich zu entwickeln und ihre Individualität in einem sozialen und gemeinschaftlichen Solidaritätskontext zu leben, der genau genommen die Voraussetzung für diese Entwicklung ist – eine sehr komplexe Aufgabe.

Die Bewegungen wollen keinen Masterplan oder eine einzige gültige Strategie erstellen.

Stephan Lorenz' Vorstellung von Degrowth lässt sich auf jene des Post-Extraktivismus übertragen, denn sie betont, dass in der Debatte wichtig sind

> die Suchbewegungen nach alternativen Lebensentwürfen und neuen Wohlstandsmodellen, die sicher mit weniger Dingen auskommen, aber vor allem andere Beziehungen zu ihnen entwickeln. Das bloße Weniger ist hier keineswegs letzter Sinn und Zweck. […] in neuen Überfluss- und Wohlstandskonzepten werden sich Arbeit und Konsum, Herstellen und Verwenden viel weniger auseinanderdividieren lassen.[2]

Und schließlich, so viele Unterschiede es auch geben mag, kritisieren beide Perspektiven stark und eindringlich das herrschende Wissen als Ausdruck des Kolonialismus (insbesondere in den Debatten um Post-Extraktivismus) oder die derzeit vorherrschenden Wissenschaften (die Degrowth-Perspektive), insbesondere im Bereich der neoklassischen Umweltökonomie, aber auch die keynesianischen Theorien und die Entwicklungstheorien an sich.

Bestehende Dialoge und transnationale Erfahrungen

Um zur Debatte über die Zukunft von Degrowth und Post-Extraktivismus einzuladen, wollen wir nun einige Aspekte erwähnen, die die beiden Konzepte verbinden und einen Dialog zwischen den beiden Perspektiven in Gang setzen können. Darunter sind auch einige ganz neue Ideen und Vorschläge.

Der Post-Extraktivismus betont mit größerer Klarheit als die Degrowth-Perspektive die destruktiven Mechanismen des (post-)kolonialen, patriarchalen und hierarchisierenden Kapitalismus. Das lässt sich darauf zurückführen, dass die Erfahrungen in Verbindung mit dem Weltmarkt und imperialer Politik, der Dynamik der Kommodifizierung und der Unterwerfung in den Ländern des globalen Südens stärker präsent sind. Und in der Tat thematisiert die lateinamerikanische Debatte verstärkt jene Probleme, die eng verbunden sind mit den vorherrschenden kapitalistischen Lebens- und Produktionsweisen, deren kolonialer Ursprung nicht zu leugnen ist. Diese Lebensweisen implizieren nicht nur spezifische Produktions- und Konsummuster, sondern auch damit einhergehende übereinstimmende Macht- und Herrschaftsstrukturen (einschließlich gegenüber der Natur). Die Perspektive des Post-Extraktivismus geht von einem grundlegenderen und ganzheitlicheren Verständnis des Kapitalismus aus – hieraus könnte die Perspektive des Degrowth viel Nutzen ziehen.

Die Debatte über Alternativen zur Entwicklung als zentraler Rahmen des Post-Extraktivismus ist eine integrale Kritik des Entwicklungs- und Fortschrittsbegriffs sowie seiner verwandten Praktiken. Entstanden im globalen Süden,

> [...] hat sie daher eine besondere Position innerhalb der Perspektive des Postwachstums, da sie Aspekte wie Armut, Ungleichheit und Umweltprobleme berücksichtigt, die die Gesellschaften des Südens beschäftigen. [...] Durch die Fokussierung auf Entwicklung wird eine Analyse der Wirtschaftsexpansion auf der Grundlage von Wachstum (einschließlich aktueller extraktiver Modelle) aus der Sicht des globalen Südens vorgenommen, dessen Begegnung mit der modernen wirtschaftlichen Globalisierung meist durch die Vermittlung der Entwicklungspolitik stattfand.[3]

Ebenso ist die Kritik am Neo-Extraktivismus eng verknüpft mit der Frage nach den Machtstrukturen und der sozialen Herrschaft, durch die Wurzeln geschlagen und bestimmte Formen der Aneignung der Natur durchgesetzt werden.

An dieser Stelle seien Schneider, Kallis und Martínez-Alier erwähnt, die schreiben, dass Degrowth ein »freiwilliger Übergang ist, gleichmäßig und gerecht, hin zu einem Regime von niedrigerer Produktion und geringerem Verbrauch«.[4] Entsprechend wird viel über konkrete Alternativen und Nischen in Gesellschaften gesprochen, in denen ein bestimmtes Wohlstandsniveau erreicht wurde. Basierend auf der lateinamerikanischen Erfahrung, würden jene, die den Post-Extraktivismus verteidigen, entgegenhalten, dass die Bezeichnung »freiwillig und gleichmäßig« die gesellschaftlichen Kräfteverhältnisse und Interessenstrukturen, tief verankerte Dispositive und entgegenstehende Interessen unterschätzen könnte. Tatsächlich haben Konflikte in Lateinamerika viel klarere Konturen und Profile und werden daher expliziter diskutiert. Nun greift Degrowth auch in die Konstellationen sozialer und politischer Macht ein, aber dies sollte viel expliziter geschehen, und es sollte erkannt werden, dass die Veränderung von Macht- und

Kräfteverhältnissen nie leicht ist und die Mächtigen ihre Privilegien nicht freiwillig abtreten werden.

Ebenso wie die wenig ausgeführte Herrschaftskritik ist auch die Perspektive der Emanzipation nicht ausreichend entwickelt. Degrowth scheint die Gesellschaften vor allem vor größeren Schäden und Katastrophen zu warnen. Aus diesem Grund weist Niko Paech darauf hin, dass Degrowth nichts weiter tue, als anzugeben, wie der »Zusammenbruch organisiert« werden soll.[5] Das ist eine sehr defensive Haltung, in der eben Fragen von Gerechtigkeit und Befreiung kaum vorkommen. Dennoch sollte nicht unerwähnt bleiben, dass es auch emanzipatorische und kritische Perspektiven innerhalb der Degrowth-Bewegung gibt.[6]

Wie bereits erwähnt, hat das Territorium als hochkomplexe soziale Struktur in der Alternative zum Neo-Extraktivismus eine wichtige, um nicht zu sagen fundamentale Rolle innerhalb der Debatte inne.

Und auch die Kritik am westlichen rationalistischen und dichotomisierenden Naturbegriff und an den entsprechenden Naturverhältnissen kann daher eine wichtige Inspiration für die Perspektive des Degrowth sein. Das ist zwar kein komplettes Novum für die Degrowth-Perspektive, wird aber bisher selten diskutiert. Man merkt, dass die wissenschaftliche Disziplin der ökologischen Ökonomik hier eine wichtige Rolle spielt, die zwar auf einer allgemeinen Ebene Wirtschaft eingebettet in Gesellschaft und beide eingebettet in Natur versteht, aber dennoch in der Regel implizit von einer Gegenüberstellung von Gesellschaft und Natur ausgeht.

Wenn aber vorgeschlagen wird, die Ausbeutung der Natur im Hinblick auf die Akkumulation von Kapital zu überwinden, muss die Ausbeutung des Menschen erst recht überwunden werden. Gleichzeitig wird es notwendig sein, zu erkennen dass Menschen keine isolierten Individuen sind, die lediglich zu einer Gemeinschaft gehören, sondern dass sie eine Gemeinschaft *sind*; und dass diese Gemeinschaften, die sehr unterschiedlich organisiert sind, ebenfalls in harmonischer und respektvoller Verbindung zueinander stehen sollten.

Diese Art doppelte Wiederbegegnung mit der Natur und der Gemeinschaft (ohne den emanzipatorischen Bereich der Individualität zu leugnen) fordert uns auf, die volle Gültigkeit der Menschenrechte einzubeziehen, in enger Verbindung mit den Rechten der Natur.

Die Ausbeutung des Menschen muss genauso überwunden werden wie die Ausbeutung der Natur.

Dies ist verbunden mit der hohen Sensibilität der Post-Extraktivismus-Perspektive für unterschiedliche Wissensformen und Rationalitäten, die sich auch in der Sprache verdichten, dem notwendigen Dialog dieser Wissensformen und der damit einhergehenden Demokratisierung von Wissen. Dafür bedarf es der Räume für Erfahrungsaustausch. Hintergrund ist eine stärkere Erfahrung der Gemeinschaftlichkeit und Präsenz anderer Lebensformen (was nicht zu romantisieren ist). Die bolivianischen Wissenschaftler René Zavaleta und später Luis Tapia haben den Begriff der überlagerten Gesellschaftsformation (*sociedad abigarrada*) geprägt, um das Zusammenspiel unterschiedlicher Produktions- und Lebensweisen zu konzeptualisieren.[7]

Wie bereits erwähnt, ist der Begriff »Degrowth« für Gesellschaften im globalen Süden eher unattraktiv – man könnte hinzufügen: sogar für jene im Norden. Konzepte wie »Buen Vivir«, »Ubuntu« in Afrika (»eine Person wird erst durch andere Menschen und andere Lebewesen zu einer Person«), »Swaraj« oder radikale ökologische Demokratie in Indien wirken durch ihren positiven Ansatz viel attraktiver.[8]

Konzepte wie Post-Entwicklung oder Post-Extraktivismus reichen für eine gesellschaftliche Transformation nicht aus.

Diese »Post«-Präfixe sind unzureichend, weil dadurch nur gesagt wird, was nicht mehr sein soll. Vorschläge, wohin der Weg gehen soll, beinhalten sie semantisch aber nicht. Das »Post« ist eine kritische und dekonstruierende, nicht eine konstruktive und nicht affirmative Perspektive.

Auch wenn wir oben argumentierten, dass die Degrowth-Perspektive zu wenig die konkreten Formen der Arbeit und Arbeitsteilung berücksichtigt, spielt das Thema insgesamt eine stärkere Rolle als in der Post-Extraktivismus-Debatte (dort eher in Form einer Kritik an der internationalen Arbeitsteilung). Das mag auch damit zusammenhängen, dass Letztere zum einen auf der Akteursebene eher auf Widerstandsbewegungen blickt und zum anderen stark vom Post-Development-Ansatz geprägt ist, der insbesondere gesellschaftliche Diskurse und unhinterfragte Selbstverständlichkeiten in den Blick nimmt.

Kaum thematisiert wird beim Post-Extraktivismus die sich auch unter der lateinamerikanischen Mittelklasse ausbreitende und offensichtlich attraktive imperiale Lebensweise, die eine Produktions- und Lebensweise ist, aber auch Subjektivitäten und Begehren einschließt. Das ist mehr als Konsumkritik, aber von ihr auch nicht loszulösen.[9] Lessenich argumentiert, dass Subjektivierung und spezifische Formen des Akteurswissens die bestehenden und Probleme generierenden Wachstumsgesellschaften absichern. Der Begriff der »mentalen Infrastruktur« von Welzer (siehe oben) verweist auf einen ähnlichen Sachverhalt.[10]

Konkrete Vorschläge für eine neue Wirtschafts- und Politikform

An dieser Stelle soll es nun um Analysen und konkrete Vorschläge gehen, wie eine Veränderung von wirtschaftlichen und politischen Strukturen angegangen werden kann.

Die Debatte des Post-Extraktivismus greift die Positionen, Forderungen und Erfahrungen einer pluralen Wirtschaft zwar auf, aber sie konkretisiert noch sehr wenig, obwohl sie auf ein riesiges Repertoire an Möglichkeiten zur Organisation der Wirtschaft zurückgreifen kann. Werte, Erfahrungen und alternative zivilisatorische Praktiken wie »Buen Vivir«, »Sumak Kawsay« oder »Suma Qamaña« der indigenen Gemeinschaften der Anden und des Amazonas könnten dabei behilflich sein. Die durch sie bestehenden sozioökonomischen Handlungsoptionen mit tiefer kultureller Bedeutung sind vielfältig.[11]

Zum Schluss dieses Kapitels konzentrieren wir uns für eine deutschsprachige LeserInnenschaft auf Anregungen aus Lateinamerika.[12]

Im Wissen in der Anden- und Amazonasregion finden sich in Bezug auf die Wirtschaft viele Praktiken der Reziprozität, Solidarität, Korrespondenz und viele verschiedene Formen der sozialen Entwicklung. Ohne das Thema ausreizen zu wollen und ohne vorzugeben, dass diese Formen der Produktion in jeder wirtschaftlichen Situation anwendbar wären, und das erst recht nicht über Nacht, sollen dennoch einige Formen von Wirtschaftsbeziehungen, die typisch für indigene Gemeinschaften sind, aufgezählt werden:

- *Minka* (auch *minga*): eine gegenseitige Hilfsinstitution im Gemeinschaftsbereich. Minka sichert die Arbeit, die dem Gemeinwohl der Bevölkerung dient. Sie wird realisiert, um die Bedürfnisse und kollektiven Interessen der Gemeinschaft zu erfüllen; zum Beispiel bei Arbeiten wie dem Bau und der Wartung eines Bewässerungskanals oder einer Straße. Es ist ein kollektiver Arbeitsmechanismus, der es ermöglicht hat, das Vergessenwordensein und die Ausgrenzung durch das koloniale und republikanische System zu überwinden.

- *Uyanza:* eine Gelegenheit, die Gemeinschaft zu Koexistenz und Einheit aufzufordern. Es ist auch eine Gelegenheit, Pachamama (Mutter Erde) für ihre Fähigkeit zur Regeneration zu danken, also für die Produkte, die sie den Menschen bietet. Zudem stellt Uyanza eine Institution der sozialen Unterstützung und Anerkennung der Familien dar, die ihre Arbeitskraft ausgeliehen haben.
- *Ranti-Ranti:* Anders als der punktuelle und einmalige Tauschhandel, der sich in einigen gemischten Wirtschaften entwickelt, ist dieser Tausch Teil einer Kette, einer endlosen Transferreihe von Werten, Produkten und Arbeitstagen. Er basiert auf dem Prinzip des Gebens und Nehmens, ohne Zeitraum, Aktion und Umfang näher zu bestimmen. Er ist gebunden an bestimmte Werte der Gemeinschaft bezüglich Ethik, Kultur und historischen Inhalt.
- *Uniguilla:* ein ergänzender Austausch im Bereich der Lebensmittel. Er ermöglicht eine bessere Ernährung durch Produkte aus anderen Gebieten oder aus ökologischen Nischen.
- *Waki:* das Verleihen von Ackerland an eine andere Gemeinschaft oder Familie, die dann auf dem Feld arbeiten darf. Die geernteten Produkte werden anschließend zwischen beiden Gemeinschaften oder Familien aufgeteilt. Dieses Verfahren gilt auch bei der Pflege und Aufzucht von Tieren.
- *Makikuna:* eine Unterstützung, die die ganze Gemeinschaft, Großfamilie, FreundInnen, Nachbarn einbezieht. Es ist eine Art moralische Unterstützung in den Momenten, in denen

eine Familie gebraucht wird. Die Hilfe kann unter solchen Umständen angefordert werden, besonders in unvorhergesehenen Situationen und bei Notfällen.

In Bezug auf die Übertragbarkeit dieser anregenden Praktiken ist wichtig, dass sich das Konzept vom »Buen Vivir« (Guten Leben) nicht nur auf den ländlichen Raum beschränkt. Selbstverständlich stammen die grundlegenden Vorschläge aus diesem Bereich, und die aktuellen städtischen Lebensräume scheinen relativ weit entfernt zu sein von Solidaritätspraktiken und Respekt für die Umwelt. Daher ist es eine der größten und komplexesten Herausforderungen, das »Buen Vivir« für und von den Städten aus zu denken, und sich dabei zunutze zu machen, dass in Lateinamerika ein großer Teil der neuen Stadtbewohner nach wie vor enge Beziehungen zu ihrer Herkunftsgemeinde bzw. -region unterhält. Zu diesem Zweck haben sich etwa in der Stadt El Alto in Bolivien Gruppen gebildet, um Musterformen vom »Guten Leben« aufzubauen beziehungsweise zu rekonstruieren.[13]

In anderen Teilen der Welt gibt es ebenfalls viele interessante Praktiken und Vorschläge in diesem Bereich. Als ein bekanntes Beispiel heben wir die *transition towns* (Städte im Wandel) hervor. Das Ziel dieser Bewegung, die im Jahr 2005 in dem südenglischen Städtchen Totnes begann, besteht darin, den Gemeinden verstärkt die Kontrolle über sich selbst zu überlassen, um die Herausforderungen des Klimawandels und den Aufbau einer Wirtschaft in der Post-Erdölära zu meistern. Es geht dabei insbesondere um eine Relokalisierung der Wirtschaft, gemeinschaftlich organisierte ökologische Landwirtschaft in und um die Städte, vielfältige Experimente, die Schaffung und Wiederentdeckung von Wissen und Vernetzungen nach innen und außen. Diese Bewegung agiert etwa nach dem Motto »Wir

Transition towns arbeiten nach dem Motto »Wir fangen einfach mal an«.

fangen einfach mal an« und ist inzwischen weltweit in 4.000 Initiativen in etwa 50 Ländern aktiv.[14]

Politisch gesehen und insbesondere hinsichtlich der Entscheidungsfindung ist es interessant zu sehen, dass auf Gemeinschaftsebene und in der indigenen *Ayllus*, in der sich Menschen organisieren, in vielen Teilen der Anden- und Amazonasregion das Konzept des »Buen Vivir« verschiedene Stile und Regierungsformen entwickelt hat. »Buen Vivir« wirbt für den Aufbau einer gerechten und weitgehend horizontal organisierten Gesellschaft. Das erfordert direkte Demokratie, direktes Handeln und Selbstverwaltung, keine neuen Formen vertikaler Entscheidungsstrukturen. Über breite und partizipative Diskussionen wird ein Konsens erreicht, der von der Gemeinschaft unterstützt wird. Unser Verständnis von Demokratie kann viel von diesen Erfahrungen lernen.

Die Vorstellung vom Leben, in dem Relationalität eine vorrangige Rolle spielt, stellt einen unaufhörlichen und komplexen Fluss von Interaktionen und Austausch dar. Geben und Nehmen in einem endlosen Prozess von Gegenseitigkeiten, Komplementaritäten und Solidaritäten bilden die Grundlage von »Buen Vivir«. Ethische Positionen sollten das Leben eines Menschen bestimmen: sich um sich selbst und um die anderen Lebewesen kümmern. In einer harmonischen Welt, die komplett von diesem Prinzip geleitet würde (und deshalb nicht frei von Konflikten ist, die transparent und machtfrei bearbeitet werden müssen), stünde das Leben über allen anderen Erwägungen. Politisch konfrontativ würde man sagen, beim »Buen Vivir« geht es um die Reproduktion des Lebens und nicht um jene des Kapitals. In diesem Buch kann aus Platzmangel nicht stärker auf die konzeptuellen und philosophischen Grundlagen indigener Kulturen eingegangen werden, sie bilden aber ohne Zweifel die wichtigsten Pfeiler von »Buen Vivir«.

Kapitel 6

Auswege aus dem kapitalistischen Labyrinth?

Begriffe existieren nicht losgelöst von gesellschaftlicher Realität, von Interessen und Machtverhältnissen. Sie sind Ausdruck gesellschaftlicher Praxis und leiten diese an. Sie benennen, d. h., sie machen bestimmte Sachverhalte sichtbar; und sie verschweigen, machen also andere unsichtbar.

Das betrifft auf der gesellschaftlichen Ebene zentral den kaum hinterfragbaren Wachstumsbegriff, in Lateinamerika wird dieser ergänzt bzw. synonym gesetzt mit Entwicklung.[1] In Fachkreisen wird besser verstanden, dass dieser Vergleich falsch ist; dennoch ist die symbolische Kraft nicht verloren gegangen. Das kann jedoch die Fortdauer des Wachstumsglaubens, der fast an eine Religion grenzt, kaum gewährleisten. Seine Ergebnisse sind nicht nur unbefriedigend, sondern seine Unstimmigkeiten beginnen auch langsam, sich zu zeigen, wie wir gesehen haben.

Aus einer sehr allgemeinen Perspektive könnte konstatiert werden, dass die Degrowth-Debatte radikaler und realitätsgerechter würde, wenn Erfahrungen und Diskussionen in Gesellschaften des globalen Südens systematisch berücksichtigt werden – vor allem dann, wenn bewiesen ist, dass die starke Orientierung am kapitalistisch getriebenen Wirtschaftswachstum in einer Welt mit klaren biophysikalischen Grenzen immer problematischer wird.

An dieser Stelle wollen wir nochmals betonen, dass Degrowth und Post-Extraktivismus zwei Seiten derselben Medaille sind. Beide Ansätze diskutieren sowohl historisch alte Themen als auch neue, indem sie bestehende Produktions- und Lebensweisen kritisieren und Alternativen vorschlagen.

Wir sprechen von Produktions- und Lebensweisen, die einer imperialen Logik folgen, die Natur und Arbeit den unersättlichen Forderungen der Kapitalakkumulation unterordnet. So einfach, so komplex.

Zusammenfassend verstehen wir in dem vorliegenden Büchlein Degrowth und Post-Extraktivismus, ohne dass sie Synonyme oder per se komplementär wären, als eine Art Duo, das sich zur gleichen globalen Realität äußert. Wenn die Wirtschaft im globalen Norden sozial-ökologisch transformiert wird (wenn also Akkumulationsprozesse gestoppt oder zumindest verlangsamt werden), werden sich die Anforderungen an Produkte und primäre Konsumgüter (insbesondere Rohstoffe) sicherlich reduzieren. Dies würde den globalen Süden zwangsläufig dazu zwingen, einen post-extraktivistischen Prozess in Betracht zu ziehen.

Degrowth und Post-Extraktivismus sind zwei Seiten derselben Medaille.

Um einen gemeinsamen Dialog zu ermöglichen, sollte man sich vielleicht von Begriffen wie Degrowth und Post-Extraktivismus verabschieden. Wir haben es bereits angemerkt: Es sind Begriffe mit einer sehr geringen symbolischen Anziehungskraft. Konzepte wie »Buen Vivir«, »Vivir Bien« (Gut leben) oder »Bien Común de la Humanidad« (Gemeinwohl der Menschheit)[2] oder eine »solidarische Lebensweise«[3] als emanzipatorische und nachhaltige Ansätze sind vielleicht besser dazu geeignet, einen zukunftsweisenden Dialog zu eröffnen. Wie François Houtart empfiehlt: »Wir müssen ein neues Paradigma des Lebens gegen das Paradigma des Todes finden.«[4] Und dieses neue Paradigma muss eine große symbolische und auch materielle Anziehungskraft haben, wenn es darum geht, einen Konsens breiter Segmente der Weltbevölkerung hinzubekommen.

Konzepte wie »Buen Vivir« – es wäre besser, von Erfahrungen zu sprechen – können als Ansatz dafür dienen, hochkomplexe, miteinander verknüpfte soziale Ansätze bereitzustellen für ein erfülltes Leben oder eine Koexistenz, die frei von Zwängen (aber durchaus mit Verpflichtungen und Verbindlichkeit), voller Freiheit und Glück ist, ein Leben in einer würdevollen sozialen und natürlichen Umgebung.[5] Diese Konzepte und Praktiken wären integraler Bestandteil von Gesellschaften, in denen Macht und Herrschaft eingehegt sind, in denen Konflikte gut und entlang von Problemen und nicht als Machtfragen ausgetragen werden. Wichtige Ausgangspunkte – deshalb haben wir ja nicht nur über die Begriffe, sondern auch über die aktuelle Verfasstheit Europas und Lateinamerikas geschrieben – wären das gemeinsame Bestreben, Strukturen und Prozesse von bereits existierender oder entstehender Macht zu identifizieren und aufzudecken, zu kritisieren und zu überwinden. Oder in den Worten von Hans Thie bei einem Workshop in Anlehnung an Hegel: Diese Konzepte könnten eine leise Aufklärung bringen, der zufolge sich Maßstäbe dahingehend wandeln, dass morgen nicht mehr richtig ist, was heute dafür gehalten wird.

Zum Abschluss wollen wir einige offene Fragen formulieren sowie neue Ideen und Vorschläge einbringen, die vielleicht einen Weg aus dem kapitalistischen Labyrinth weisen können.

Beide Perspektiven brauchen ein kritischeres Konzept von Staat und Politik.

Zunächst einige Gedanken zum Thema Politik: Beide Perspektiven – Degrowth und Post-Extraktivismus – könnten stärker werden, wenn sie ein expliziteres und kritischeres Konzept von Staat und Politik hätten. »Global denken, lokal handeln« ist gut, aber es reicht nicht aus, um eine umfassende Transformation durchzuführen. Der Staat ist da, egal, wie viel Kritik wir an ihm äußern, und er hat eine zentrale Rolle im globalen Kapitalismus inne.

Einerseits wird der Staat in diesen Diskursen als Instanz betrachtet, die durch Debatten und kritische Bewegungen bzw. durch die bestehenden Probleme dazu gebracht wird, bestehende Probleme zu lösen. Auf der anderen Seite wird er insgesamt als Teil des Übels angesehen. Die kritische Staats- und Politiktheorie in der Tradition von Gramsci und Poulantzas, die den (westlichen wie postkolonialen) Staat als umkämpftes soziales Verhältnis versteht und gleichzeitig als Instanz, die zuvorderst die herrschenden Verhältnisse stabilisiert, könnte hier zu Präzisierungen beitragen. Abgesehen von der Rolle des Staates *in* einer Phase der Transformation ergeben sich auch politisch-strategische Fragen zur Rolle des Staates bei der gesellschaftlichen Unterstützung und Sicherung der erreichten Emanzipationen *nach* der Transformationsphase.[6] Auch diese Aspekte sollten schon jetzt in die Diskussion einbezogen werden.

Momentan bedienen sich die Diskussionen über Post-Extraktivismus und Degrowth sehr diffuser Konzepte von Politik.[7] In einigen Fällen wird der Begriff der »Post-Politik« für die momentane Situation verwendet, der impliziert, dass die Politik nur noch eine Inszenierung ist, die den wahren Ort der sozialen Macht verdeckt, das heißt die kapitalistische Wirtschaft und die dahinter stehenden Interessen, also vor allem das Kapital. Für andere findet die Politik in der Tradition von Carl Schmitt als ein fast militarisierter Konflikt zwischen Bündnissen und Freunden gegen Feinde statt, wobei diese Feinde als Entität identifiziert werden müssen: »der Feind«. Eine dritte Position reduziert die Politik auf konstituierende und subversive Handlungen, die mehr oder weniger revolutionär und als Ereignisse gedacht sind; eine Position, die politische Institutionen abwertet, ebenso wie »die Politik«.

Was diese Positionen außer Acht lassen, ist, dass emanzipatorische Perspektiven nicht nur Transformationen und Brüche erfordern und dabei historische Kontingenzen nutzen. Darüber hinaus brauchen sie Mechanismen, um zivilisatorische Konflikte gewaltfrei zu lösen, um Erreichtes zu sichern und emanzipierte Dimensionen und soziale Beziehungen zu festigen. Sie brauchen Räume für Diskussion und Reflexion, die momentan – in autoritären, spannungsgeladenen und ängstlichen Zeiten in Europa und Lateinamerika – schmerzlich fehlen. Durch Gesetze, Anerkennung und materielle Ressourcen für die gesamte Gesellschaft müssen eben auch emanzipatorische Errungenschaften wie die Kontrolle der Finanzmärkte, Rechte der Beschäftigten, Rechte von Geflüchteten und MigrantInnen, Umweltgesetze und vieles mehr gewährleistet werden. Und all das in einem System, das radikale Lösungen ermöglicht und die Wurzeln der Probleme anpackt.

Es wird nicht einfach, diese komplexen Aufgaben anzugehen. Um damit zu beginnen, müssen wir der »utopischen Dimension« wiederbegegnen, wie der Peruaner Alberto Flores Galindo vorschlug.[8] Dies impliziert die Stärkung der Grundwerte der Demokratie – Freiheit, Gleichheit, Solidarität und Gerechtigkeit – durch die Einbeziehung verschiedener Ansätze des Gemeinschaftslebens in allen Lebensbereichen der Menschen, sei es zu Hause, in den sozialen Aktivitäten oder im Berufsleben. Diese neuen und toleranten Lebensweisen müssen zum Beispiel die Vielfalt sexueller Orientierungen und die verschiedenen Möglichkeiten, Familien und die Gemeinschaften zu organisieren, respektieren. Solch ein neuer Horizont dient dem Gehen, der Bewegung.

Wir müssen der »utopischen Dimension« wiederbegegnen.

Als Schlussfolgerung lässt sich sagen, dass das »Gute Leben« – als Philosophie eines Lebens ohne spezialisierte Philosophen – die

Tür öffnet für den Aufbau eines emanzipatorischen Projekts. Dieses Projekt, das viele Geschichten von Widerstandskämpfen und Änderungsvorschlägen gesammelt hat, indem es sich vor allem auf lokale Erfahrungen stützt, zu denen aber auch Beiträge aus verschiedenen Breitengraden hinzugefügt werden müssen, kann sich nun als Ausgangspunkt positionieren, um demokratisch nachhaltige Gesellschaften in allen Bereichen aufzubauen. Themen wie der Aufbau einer neuen Wirtschaft oder die Rechte der Natur werden dabei als Fragestellungen beschrieben, die alle etwas angehen und als solche diskutiert und angesprochen werden sollten, insbesondere ausgehend von spezifischen lokalen oder regionalen Erfahrungen.

Vor dem Hintergrund der entwickelten konkreten Utopien werfen Degrowth und Post-Extraktivismus zentrale Fragen auf, die konkret beantwortet werden müssen, weil ja gerade hier das immer nur für wenige eingelöste Versprechen der kapitalistischen Wachstumsmaschinerie liegt: wie in einer konkreten, unterstützenden und produktiven Weise ausreichend Nahrung, Gesundheitsversorgung, Wohnraum, Kleidung, Mobilität, Kommunikation und Energieversorgung für alle Menschen gewährleistet werden kann – bei zunehmend autonomen Versorgungssystemen und ohne die Natur zu unterwerfen? Dafür geben die beiden Debatten viele Hinweise, und wir verfügen über Prinzipien (zum Beispiel den drastischen Rückbau der Automobilität und des Fleischkonsums) und reichhaltige Erfahrungen, auf die wir im Buch an einigen Stellen eingegangen sind. Doch diese wirtschaftlichen und damit gesellschaftlichen Alternativen müssen sich je konkret umsetzen: In anderen Leitbildern attraktiver Mobilität und dann in den Verkehrspolitiken in Quito, Wien und anderswo.

Um eine andere Gesellschaft zu schaffen, »gibt es kein Rezept. Weder ein Pfad noch eine eindeutige Alternative. Sie muss gebaut werden«, sagte Flores Galindo.[9] Oder um es mit dem berühmten Satz eines anderen Peruaners, Carlos Mariátegui, zu sagen: »Weder Entlehnung noch Kopie, sondern heroische Schöpfung« müssen wir leisten.[10] Es ist kein Problem, keinen deutlich vorgegebenen Pfad zu haben. Im Gegenteil: Es befreit von dogmatischen Visionen, verlangt aber mehr Klarheit für jene Zukunft, zu der gelangt werden soll, und das bewusste Annehmen des Übergangs in eine andere Zivilisation. Wahrscheinlich ist das aktuell eine entscheidende Aufgabe: angesichts von Klimaskepsis der Eliten, von medial erzeugten Vorwürfen an eine angeblich besserwisserische Öko-Elite und von Klimamüdigkeit bei vielen – sie können »es« einfach nicht mehr hören – überhaupt ein Bewusstsein für notwendige Aufbrüche und ihre Gestaltung zu schaffen. Zukunftsfähigkeit jenseits des verächtlichen Zukunftsversprechens von politisch Rechtsaußen bis ins Establishment: Wenn nur die »Ausländer« bzw. »Migranten« nicht wären, dann würde alles gut werden.

Es ist kein Problem, keinen deutlich vorgegebenen Pfad zu haben.

Deshalb: Es zählt nicht nur die konkrete Utopie einer Zukunft aus dem Heute heraus, ausgehend vom Bestehenden, seinen Erfahrungen und immer größeren Problemen, seinen schönen wie schrecklichen Seiten, seinen Sichtbarmachungen und Ausblendungen. Es sind aber auch der Weg oder die Wege, um ein menschliches Leben in Würde zu erreichen, das allen menschlichen und nichtmenschlichen Wesen eine Gegenwart und Zukunft garantiert und somit das Überleben der Menschheit auf dem Planeten sichert.

In diesem Zusammenhang kann die offizielle Politik Debatten und Praktiken ermöglichen und vorantreiben, so weit der demokratische Prozess reicht. Eine radikale Demokratisierung erreicht nicht nur den Bereich der Wirtschaft, sondern auch das Alltagsleben, die Sphäre der Bedürfnisse, ohne dabei die

Spannung zwischen Freiheit und Diskussion der Bedürfnisse aufzugeben (was keine leichte Aufgabe ist).

Zudem sollte auch die internationale Dimension berücksichtigt werden, insbesondere die Auswirkungen des Weltmarktes und der Geopolitik auf die vielfältigen gesellschaftlichen Bereiche, die transformiert werden sollen. Der Umbau der Nahrungsmittelproduktion und des Ernährungssystems wertet die lokale und regionale Ebene auf, doch dazu müssen die mit unglaublicher Macht ausgestatteten Global Players in den Bereichen Landwirtschaft, Saatgut und Agrarchemikalien, Lebensmittelverarbeitung, Supermärkte entscheidend geschwächt werden – siehe das Ringen um die Glyphosat-Zulassung in der EU.

Auch wenn in der Post-Extraktivismus-Debatte der Weltmarkt mehr beachtet wird, weil der Gegenstand der Diskussion – das Modell der Primärgüterexport-Akkumulation als Basis eines Entwicklungsmodells – zentral damit verbunden ist: Die Alternativvorschläge, auch in Lateinamerika, beziehen sich noch zu wenig auf den Weltmarkt und die Weltpolitik. Sie sind höchstens auf kontinentaler Ebene gedacht, bleiben im Allgemeinen aber nur in einem nationalen Rahmen. Kurz: Die vielfältigen und unterschiedlichen Erfahrungen mit und die Debatten über den Imperialismus als wahrer Hintergrund der gegenwärtigen Globalisierung des kapitalistischen Systems müssen berücksichtigt werden.[11]

Wenn auch die Degrowth-Perspektive den Denk- und Handlungsraum für tief greifende Veränderungen öffnen möchte, dann kommt sie um eine kritische politische Ökonomie und politische Ökologie der Globalisierung nicht herum. Das bedeutet konkret, die zu verändernden politischen, sozioökonomischen und kulturellen Verhältnisse – wie auch die gesellschaftlichen Naturverhältnisse – in einen globalen Kontext zu stellen und im Rahmen einer kritischen Theorie sozial-ökologischer Transformation zu untersuchen. Dazu braucht es eine Theoriebildung, gleichzeitig einen Dialog der Wissensformen und die Entwicklung vieler Vorschläge.[12]

Es ist offensichtlich, dass die Debatten um die Erfahrungen des globalen Nordens die Erfahrungen und Debatten berücksichtigen müssen, die in Lateinamerika und anderen an den Rand gedrängten und verarmten Regionen der Welt gemacht bzw. geführt werden.

Die Debatten im globalen Norden müssen die des globalen Südens miteinbeziehen.

Das kapitalistische Weltsystem und seine grundlegende Veränderung wäre nicht nur jeweils für Degrowth und Post-Extraktivismus wichtig, sondern gerade der zentrale gegenseitige und gemeinsame Bezugspunkt. Im Ressourcenboom und den damit verbundenen Interessen, in den Produktions- und Lebensweisen, in den räumlichen und zeitlichen Ungleichzeitigkeiten, den neu-alten »inneren und äußeren Landnahmen« werden die kritisierten und zu verändernden Verhältnisse mehr oder weniger krisenhaft stabilisiert.[13] Es sollte offengelegt werden, dass bei Aufrechterhaltung oder gar Intensivierung der ressourcenintensiven Produktions- und Lebensweise eben nicht alle »gewinnen« – weder im globalen Norden noch im globalen Süden.

Und damit kommen wir zu den kulturellen Aspekten der geforderten Transformation. Hollender fasst es so zusammen: »Die vielleicht größte Herausforderung des Postwachstums ist die Art und Weise, wie Wachstum zu einem Teil unserer Normen, Werte und kulturellen Verhaltensweisen geworden ist.«[14] Dies gilt ebenso für den Extraktivismus, der sich in extraktivistischen Gesellschaften quasi in das Erbgut der Kultur eingebrannt hat. Kristina Dietz weist auf den Vorteil einer verflechtungsgeschichtlichen Perspektive von Wachstum und Ressourcenausbeutung im globalen Norden und globalen

Süden hin: Entwicklung, Wachstum und Fortschritt sind demzufolge durchdrungen von Macht und Herrschaft, das betrifft auch die herrschaftlichen gesellschaftlichen Naturverhältnisse.[15]

Wenn der Neo-Extraktivismus mehr ist als eine ökonomische Strategie, sondern als komplexes und hochgradig verflochtenes Modell verstanden wird; wenn er nicht nur abhängig von Natur ist und diese zerstört, sondern mannigfaltige soziale Produktions- und Reproduktionsverhältnisse, Arbeit und Arbeitsteilung, politische Organisationsformen und staatliche Terrains, Subjektivitäten und gesellschaftliche Vorstellungen strukturiert, dann muss eine Post-Extraktivismusstrategie darauf abzielen, »das aktuelle (Re-)Produktionsmodell und die dieses tragenden politischen Strukturen als Ganzes in Frage zu stellen. Mit Blick auf die breitenwirksamen Erfolge und die transnationale Verflechtung des Modells, ist das eine schwierige Aufgabe.«[16]

Es gibt einen dritten Punkt, der noch expliziter diskutiert werden sollte: die Frage der Grenzen *(limits/límites)*. Die Diskussion läuft ja zuvorderst im Hinblick auf ökologische bzw. planetarische Grenzen und wird in Begriffen wie *peak oil* politisiert.[17] Doch was geben uns die naturwissenschaftlich gewonnenen Erkenntnisse biophysikalischer Grenzen und mögliche Umschlagpunkte gesellschaftspolitisch vor? Wir sehen aktuell, dass die Entdeckung und Förderung von »unkonventionellem« Gas und Öl alle Prognosen zu *peak oil* über den Haufen wirft. Das bedeutet nicht, dass es solche Grenzen nicht gibt (etwa Umschlagpunkte beim Klima), doch sie können Kritik und emanzipatorische Politik nur begrenzt anleiten. Zudem sind Grenzwerte wie das 2-Grad-Ziel beim Klimawandel eher politisch festgelegt als Folge wissenschaftlicher Einsicht.[18]

Damit kommen wir ans Ende unseres transnationalen Dialogs zwischen Lateinamerika und Europa, in dem wir einerseits die jüngeren Erfahrungen dargestellt haben – Extraktivismus hier und anhaltende Austeritätspolitik dort –, andererseits globale Verbindungen herstellten, etwa durch die globalen Dynamiken von Weltmarkt, Geopolitik und imperialer Lebensweise. Exemplarisch haben wir das häufig ignorierte Problem der enormen weltweiten Produktion von Müll und der damit verbundenen Ursachen, aber auch die Unzulänglichkeiten der internationalen Klimapolitik untersucht. Die herrschenden Politiken werden mit der scheinbar alternativlosen Orientierung an »Wachstum« und »Entwicklung« gerechtfertigt.

Die herrschenden Politiken werden als alternativlos dargestellt.

Dies ist der Kontext einer Suche nach grundlegenden gesellschaftlichen Alternativen weltweit, mit denen die anhaltenden Zumutungen und ungleichen Lebenschancen, Ausbeutungsprozesse und Zerstörungen sowie das Paradox eines *dolce vita* für wenige anstatt eines »Buen Vivir« für alle angegangen werden sollen. Die zwei in diesem Buch geschilderten Diskurse um Degrowth in Europa und der um Post-Extraktivismus und »Buen Vivir« in Lateinamerika scheinen uns besonders spannend und wichtig für diese Transformation. Dieses Buch konnte hoffentlich einen Anstoß geben, engere Verbindungen zwischen diesen beiden wegweisenden Bewegungen herzustellen.

Es gibt weiterhin Schwachstellen in beiden Perspektiven, von denen wir einige angesprochen haben. Aber vor allem sollten wir nicht vergessen, dass die Perspektiven und Vorschläge in konkreten Kontexten entwickelt und vorangetrieben werden müssen.

Wir befinden uns in einer komplexen Situation. In Lateinamerika konsolidieren sich neoliberale Regierungen, während progressive Regierungen an Legitimität verlieren, vor allem weil sie mit autoritären Regimen und *Caudillos* (Anführer) auf die eine oder andere Weise in den neoliberalen Stall zurückgekehrt sind.[19] In Europa ist der Aufstieg der extremen Rechten in vielen Ländern zum täglich Brot geworden. Deshalb müssen wir immer wieder mit Klarheit und Dringlichkeit die Hindernisse identifizieren, die überwunden werden müssen. Mit solchen Analysen und den entsprechenden widerständigen und emanzipatorischen Strategien sind wir nie »fertig«. Aber wir stehen an der Schwelle, dass sich die vielfältigen Kritiken und Alternativen noch stärker als bisher über ihre Länder und Kontinente hinaus bewegen und verbinden müssen. Wenn wir dazu einige Anregungen geben konnten, hat das Buch seinen Sinn erfüllt.

Anmerkungen

1 Walter Benjamin (1974): Abhandlungen. Gesammelte Schriften, Band I: Teil 3, Suhrkamp, Berlin, S. 1232.

2 José Carlos Mariátegui (1985): Defensa del marxismo: Polémica revolucionaria, Biblioteca Amauta, Lima, S. 25f.

Kapitel 1

1 Zu dem Konzept der multiplen Krise siehe Demirović, Alex; Dück, Julia; Becker, Florian; Bader, Pauline (Hrsg.) (2011): VielfachKrise im finanzdominierten Kapitalismus. VSA, Hamburg. Brand, Ulrich (2011): Post-Neoliberalismus? Aktuelle Konflikte. Gegen-hegemoniale Strategien. VSA, Hamburg. Biesecker, Adelheid; Wichterich, Christa; Winterfeld, Uta von (2012): Feministische Perspektiven zum Themenbereich Wachstum, Wohlstand, Lebensqualität. Kommissionsmaterialie M-17 (26) 24 der Enquete-Kommission »Wachstum, Wohlstand, Lebensqualität«.

2 Saphir, Jacques (2004): Economistas contra la democracia. S.A. Ediciones B., Barcelona.

3 Stiglitz, Joseph (2008): Capitalistas estúpidos. Unter: http://www.rebelion.org/noticia.php?id=77481.

4 Scheidler, Fabian (2017): Chaos. Das neue Zeitalter der Revolutionen. Promedia, Wien.

5 Gramsci, Antonio (1996) [1930]: Prison Notebooks, vol. 2. Joseph A Buttigieg (ed.), Columbia University Press, New York (dt. (2008): Gefängnisbriefe. Band 2: Briefwechsel mit Tatjana Schucht 1926–1930. Apitzsch, Ursula; Kammerer, Peter; Natoli, Aldo (Hrsg.), Argument-Verlag, Hamburg.

6 Polanyi, Karl (1973): The Great Transformation. Politische und ökonomische Ursprünge von Gesellschaften und Wirtschaftssystemen. Suhrkamp, Frankfurt/Main.

7 Muraca, Barbara (2013): Décroissance: A Project for a Radical Transformation of Society, in: Environmental Values 22(2), S. 147-169. Prada Alcoreza, Raúl (2013): Horizontes de la descolonización. Ensayo histórico y político sobre la transición. Unter: http://dinamicas-moleculares.webnode.es. Deutscher Bundestag (2013): Final Report: Expert Commission, Growth, Well-Being, Quality of Life. Deutscher Bundestag, Berlin. Brie, Michael (Hrsg.) (2014): Futuring. Perspektiven der Transformation im Kapitalismus über ihn hinaus. Westfälisches Dampfboot, Münster. Lang, Miriam; Cevallos, Belén; López, Claudia (Hrsg.) (2015): Cómo trasformar? Instituciones y cambio social en América Latina y Europa. Abya Yala, Fundación Rosa Luxemburg, Quito. Brand, Ulrich (2016b): How to get out of the multiple crisis? Towards a critical theory of social-ecological transformation, in: Environmental Values 25 (5), S. 503-525.

8 »(W)enn wir nicht in der Gesellschaft, wie sie ist, die materiellen Produktionsbedingungen und ihnen entsprechenden Verkehrsverhältnisse

für eine klassenlose Gesellschaft verhüllt vorfänden, wären alle Sprengversuche Donquichoterie« (Marx 1983, S. 93).

9 Umberto Eco (2001): Baudolino, Hanser, München/Wien, S. 119.

10 Svampa, Maristella (2015): Commodities Consensus: Neoextractivism and Enclosure of the Commons in Latin America, in: The South Atlantic Quarterly 114 (1), S. 65–82.

11 Unter den vielen vorhandenen Texten zu diesem Thema möchten wir ein Buch besonders empfehlen: Machado Aráoz, Horacio (2014): Potosí, el origen – Genealogía de la minería contemporánea. Tiempo Mardulce, Buenos Aires.

12 Siehe die Debatte über den Post-Neoliberalismus bei Brie, Michael (2009): Ways out of the crisis of neoliberalism, in: Development Dialogue 51, S. 15-31. Ceceña, Ana E. (2009): Postneoliberalism and its bifurcations, in: Development Dialogue 51, S. 33-43. Gago, Verónica; Sztulwark, Diego (2009): Notes on Postneoliberalism in Argentina, in: Development Dialogue 51, S. 181-190. Webber, Jeffrey R. (2010): Latin American Neostructuralism: The Contradictions of Post-Neoliberal Development, in: Historical Materialism 18 (3), S. 208-229. Grugel, Jean; Riggirozzi, Pia (2012): Post-neoliberalism in Latin America: Rebuilding and Reclaiming the State after Crisis, in: Development and Change 43 (1), S. 1-21. Yates, Julian S.; Bakker, Karen (2014): Debating the »post-neoliberal turn« in Latin America. Progress, in: Human Geography (38), S. 62-90. Springer, Simon (2014): Postneoliberalism?, in: Review of Radical Political Economics, 47 (1), S. 5-17. Andreucci, Diego; Radhuber, Isabella M. (2015): Limits to »counter-neoliberal« reform: Mining expansion and the marginalisation of post-extractivist forces in Evo Morales's Bolivia, in: Geoforum. Unter: http://www.sciencedirect.com/science/article/pii/S0016718515002304. Brand, Ulrich; Wissen, Markus (2015): Strategies of a Green Economy, contours of a Green Capitalism, in: van der Pijl, Kees (Hrsg.): The International Political Economy of Production, Edward Elgar, Cheltenham, S. 508-523.

13 Der ecuadorianische Fall ist paradigmatisch. Siehe z. B. Acosta, Alberto; Cajas, John (2015): Instituciones transformadoras para la economía global – Pensando caminos para dejar atrás el capitalismo, in: La osadía de lo nuevo – Alternativas de política económica. Grupo de Trabajo Permanente de la Fundación Rosa Luxemburg. Abya Yala, Quito, S. 133-197.

14 Rosa, Hartmut (2016): Alienación y aceleración – Hacia una teoría crítica de la temporalidad en la modernidad tardía. Editorial Katz, Buenos Aires.

Kapitel 2

1 Sie könnten als »Grüner Kapitalismus« bezeichnet werden, siehe Wallis, Victor (2010): Beyond, »Green Capitalism«, in: Monthly Review 61 (9). Koch, Max (2012): Capitalism and Climate Change. Palgrave Macmillan, London. Tanuro, Daniel (2013): Green Capitalism. Why it can´t work. Merlin Press, London. Brand, Ulrich; Wissen, Markus (2015): Strategien einer Green Economy, Konturen eines grünen Kapitalismus: zeitdiagnostische und forschungsprogrammatische Überlegungen. In: Atzmüller, Roland/Becker, Joachim/Brand, Ulrich/Oberndorfer, Lukas/Redak, Vanessa/Sablowski, Thomas (Hrsg.): Fit für die Krise? Perspektiven der Regu-

lationstheorie: Westfälisches Dampfboot, 132-148.

2 Candeias, Mario (2004): Neoliberalismus, Hochtechnologie, Hegemonie. Grundrisse einer transnationalen kapitalistischen Produktions- und Lebensweise. Argument, Hamburg, S. 10.

3 Svampa, Maristella (2015): Commodities Consensus: Neoextractivism and Enclosure of the Commons in Latin America, in: The South Atlantic Quarterly 114 (1), S. 65-82.

4 Moreno, Camila (2015): O Brasil made in China: para pensar as reconfigurações do capitalismo contemporâneo. Fundação Rosa Luxemburgo, São Paulo.

5 Wie instabil das extraktivistische Modell ist und wie schnell die Diskurse und Erfahrungen der Krise zurückkehren, konnte beim Absturz der Ölpreise im Jahr 2014 vor allem in Venezuela beobachtet werden.

6 Gudynas, Eduardo (2011): Alcances y contenidos de las transiciones al postextractivismo, in: Ecuador Debate, S. 61-79. Sicherlich gibt es einige, die gute Argumente haben, dass der Extraktivismus sich in verschiedenen Bereichen mit Hightech verbindet, wie etwa im Agrarbereich. Der Bergbau ist der Sektor mit dem meisten Kapital und der intensivsten Technologie.

7 Machado Aráoz, Horacio (2015): Ecología política del extractivismo. Clase nº 10. Curso Ecología Política Latinoamericana. Campus CLASCO, Buenos Aires (mimeo). Über die Rolle Lateinamerikas bei den globalen Ressourcenströmen siehe Schaffartzik, Anke; Mayer, Andreas; Gingrich, Simone; Eisenmenger, Nina; Loy, Christian; Krausmann, Fridolin (2014): The global metabolic transition: Regional patterns and trends of global material flows, 1950-2010, in: Global Environmental Change 26, S. 87-97.

8 Gudynas, Eduardo (2014a): Sustentación, aceptación y legitimación de los extractivismos: múltiples expresiones pero un mismo basamiento, in: Opera 14 (enero/junio), S. 137-159.

9 Biesecker, Adelheid; Wichterich, Christa; Winterfeld, Uta von (2012): Feministische Perspektiven zum Themenbereich Wachstum, Wohlstand, Lebensqualität. Kommissionsdrucksache 17(26)23 der Enquete-Komission Wachstum, Wohlstand, Lebensqualität des Deutschen Bundestags. Mahnkopf, Birgit (2013): Peak Everything-Peak Capitalism? Folgen der sozial-ökologischen Krise für die Dynamik des historischen Kapitalismus. Working Paper der DFG-KollegforscherInnengruppe Postwachstumsgesellschaften, 02/2013, Jena. Salleh, Ariel (2013): The Idea of Earth System Governance. Unifying tool? Or hegemony for a new capitalist Landnahme? Working Paper der dfg-KollegforscherInnengruppe Postwachstumsgesellschaften, 10/2013, Jena. Dörre, Klaus (2015): The New Landnahme. Dynamics and Limits of Financial Market Capitalism, in: Dörre, Klaus; Lessenich, Stephan; Hartmut Rosa: Sociology, Capitalism, Critique. Verso, London, S. 11-66, mit Blick auf die dominierenden Formen des ökologischen Krisenmanagements.

10 Man darf die Linke nicht mit dem Progressivismus verwechseln. Die Positionen von Eduardo Gudynas dazu in »Left and Progressivism: the Great Divergence« (Gudynas, Eduardo (2013): Extracciones, extractivismos y extrahecciones – Un marco conceptual sobre la apropiación de

recursos naturales, in: Observatorio del desarrollo, nº 18, Februar), sind aufschlussreich.

11 Vallejo, María Cristina; Samaniego, Pablo; Martínez-Alier, Joan (2015): Déficits comerciales y déficits físicos en Sudamérica. Ágora, documento de trabajo. Unter: http://www.flacsoandes.edu.ec/agora/deficits-comerciales-y-deficits-fisicos-en-sudamerica. Auf Englisch: Commercial and physical deficits in South America 1990–2013, in: Ecologicals Economics, März 2017. Unter: http://www.sciencedirect.com/science/article/pii/S0921800915301579. Schaffartzik, Anke; Mayer, Andreas; Gingrich, Simone; Eisenmenger, Nina; Loy, Christian; Krausmann, Fridolin (2014): The global metabolic transition: Regional patterns and trends of global material flows, 1950–2010, in: Global Environmental Change 26, S. 87-97. Martínez-Alier, Joan; Walter, Mariana: Metabolismo social y conflictos extractivos, in: Gobernanza ambiental en América Latina. CLASCO, S. 73-104. Unter: http://biblioteca.clacso.edu.ar/clacso/se/20150318053457/GobernanzaAmbiental.pdf.

12 Frank, André Gunder (1968): Kapitalismus und Unterentwicklung in Lateinamerika, Europäische Verlagsanstalt, Frankfurt/Main.

13 Ceceña, Ana E.; Aguilar, Paula; Motto, Carlos (2007): Territorialidad de la dominación. Integración de la Infraestructura Regional Suramericana. Observatorio Latinoamericano de Geopolítica, Buenos Aires.

14 Gudynas, Eduardo (2016a): Extractivismos. Ecología, economía y política de un modo de entender el desarrollo y la Naturaleza. CEDIB/CLAES, Cochabamba (Bolivia).

15 Schuldt, Jürgen (2005): ¿Somos pobres porque somos ricos? Recursos naturales, tecnología y globalización. Fondo Editorial del Congreso del Perú, Lima.

16 Die typischen Pathologien der primärgüterexportierenden Volkswirtschaften und der extraktivistischen Enklaven sind lang und sehr wichtig. Siehe u. a. Frank, André Gunder (1970), Capitalismo y subdesarrollo en América Latina. Editorial Siglo XXI, Buenos Aires. Marini, Ruy Mauro (1978): Razones del neo-desarrollismo, in: Revista Mexicana de Sociología, año XL, vol. XL. Marini, Ruy Mauro (1973): Dialéctica de la dependencia. ERA, México. Furtado, Celso (1974): El desarrollo económico, un mito. Siglo XXI, México. Dos Santos, Theotonio (1998): La teoría de la dependencia un balance histórico y teórico, in: Los retos de la globalización. UNESCO, Caracas. Dos Santos, Theotonio (1978): Imperialismo y dependencia. ERA, México.

17 Es gibt andere Einnahmen, die ähnliche Effekte hervorrufen können, unter anderem: Geldsendungen, ausländische Investitionen, Entwicklungshilfe, massiver Zufluss von privatem Kapital (Schuldt, Jürgen (1994): Enfermedad holandesa y otros virus de la economía peruana. Universidad del Pacífico, Lima).

18 Prebisch, Raúl (1950): The Economic Development of Latin America and its Principal Problems. Estados Unidos, New York.

19 Siehe zum Beispiel Acosta, Alberto (2001): La increíble y triste historia de América Latina y su perversa deuda externa, in: Otras caras de la deuda: propuestas para la acción. CDES/Editorial Nueva Sociedad. Unter: http://www.lainsignia.org/2002/diciembre/econ_019.htm und http://www.lainsignia.org/2002/diciembre/econ_022.htm. Acosta, Alberto

(1994): La deuda eterna: Una historia de la deuda externa ecuatoriana. Libresa, Quito.

20 Zu diesem Thema gibt es viel Literatur, wir empfehlen die Beiträge von Alberto Acosta (2001): La increíble y triste historia de América Latina y su perversa deuda externa. Ders. (1994): La deuda eterna: Una historia de la deuda externa ecuatoriana.

21 Bhagwati, Jagdish N. (1958): Inmiserizing Growth, in: The Review of Economic Studies, vol. 25, nº 3, S. 201-205.

22 Durand, Francisco (2006): La mano invisible en el Estado. Efectos del neoliberalismo en el empresariado y la política. DESCO/FES, Lima.

23 Zum Beispiel die Raffination von Öl oder Zinn außerhalb des Landes, in dem es gewonnen wurde. Im Bezug auf Zinn wurde es bei der bolivianischen Verstaatlichung durch die MNR 1953 klargestellt: Die Familien Patiño, Aramayo und andere kontrollieren weiterhin die Raffination des Minerals, das in Uncia, Llallagua, Siglo XXI, Catavi etc. gewonnen wird.

24 Die Rechte der Natur wurden 2008 in die ecuadorianische Verfassung aufgenommen. Die Liste der Personen, die sich mit ihnen beschäftigt, wächst täglich: Martínez, Esperanza (2009): Yasuní. El tortuoso camino de Kyoto a Quito. CEP y Ediciones Abya Yala, Quito. Muraca, Diana (2009): El Sujeto Naturaleza: Elementos para su comprensión, in: Zaffaroni, Raúl Eugenio (2011): La Pachamama y el humano, in: Acosta, Alberto; Ávila Santamaría, Ramiro (2011): El neo-constitucionalismo transformador. El estado y el derecho en la Constitución de 2008, Abya Yala, Quito. Acosta, Alberto (2011): Los Derechos de la Naturaleza: Una lectura sobre el derecho a la existencia, in: Acosta, Alberto; Martínez, Esperanza (Hrsg.): La Naturaleza con Derechos. De la filosofía a la política. Serie Debate Constituyente. Abya Yala, Quito, S. 317-368. Gudynas, Eduardo (2016b): Los Derechos de la Naturaleza: Respuestas y aportes desde la ecología política. Abya Yala, Quito. Es gibt wertvolle vorangegangene Beiträge von: Stutzin, Godofredo (1984): Un imperativo ecológico Reconocer los Derechos a la Naturaleza, unter: http://www.cipma.cl/RAD/1984–85/1_Stutzin.pdf. Saladin Peter y Leimbacher, Jörg; Mensch und Natur: Herausforderung für die Rechtspolitik. Rechte der Natur und künftigen Generationen, Herta Däuler-Gemelin y Wolfgang Adelerstein, Menschengerecht. Heidelberg, 1984. Leimbacher, Jörg (1988): Die Rechte der Natur. Basel/Frankfurt am Main. Stone, Christopher (1996): Should Trees Have Standing? And Other Essays on Law, Morals and the Environment, Ocena Publications. Cullinan, Cormac (2003): Wild Law – A Manifesto for Earth Justice. South Africa. Bei dieser Auflistung dürfen Arne Naess, der Vater der Tiefenökologie, nicht fehlen und Baruch Spinoza, das Vorbild von Naess.

25 Marx erwähnte bereits, dass der Ursprung des Kapitalismus (d. h. die von ihm kritisierte und von der klassischen Nationalökonomie vertretene »ursprüngliche Akkumulation des Kapitals«) aus der Gewinnung von natürlichen Ressourcen, Ausbeutung und Gewalt resultiert: »Die Entdeckung der Gold- und Silberländer in Amerika, die Ausrottung, Versklavung und Vergrabung der eingebornen Bevölkerung in die Bergwerke, die beginnende Eroberung und Ausplünderung von Ostindien, die Verwandlung von Afrika in ein Geheg

zur Handelsjagd auf Schwarzhäute, bezeichnen die Morgenröte der kapitalistischen Produktionsära. Diese idyllischen Prozesse sind Hauptmomente der ursprünglichen Akkumulation. Auf dem Fuß folgt der Handelskrieg der europäischen Nationen, mit dem Erdrund als Schauplatz.« (Marx, Karl (1968/1867): Das Kapital, Bd. I, Berlin: Dietz Verlag, S. 779).

26 Acosta, Alberto (2009): La maldición de la abundancia. CEP, Swissaid/Abya Yala, Quito.

27 Eine Ausnahme dafür ist die Verwendung des Begriffs »Extraktivismus« im Portugiesischen. Dort kann sich der Begriff auch auf die nachhaltige Gewinnung natürlicher Ressourcen des Waldes beziehen, zum Beispiel Kastanien oder Holz, ohne die Existenz des Waldes selbst und seine Biodiversität zu beeinträchtigen.

28 El Comercio, 4. August 2007.

29 Myrdal, Gunnar (1957): Economic theory and Unterdevelopment Regions. Gerald Duckworth & Co, London.

30 Unter den Kritikern der Kolonialität heben wir vor allem Aníbal Quijano hervor und selbstverständlich u. a. Boaventura Souza Santos, Gayatri Chakravorty Spivak, Edward W. Said, José de Souza Santos, Chandra Talpade Mohanty, Nikita Dhawan, Enrique Dussel, Arturo Escobar, Fernando Coronil, Edgardo Lander, Anne McClintock, Enrique Leff, Arif Dirklik, Breny Mendoza, Francisco López Segrera sowie Alejandro Moreano.

31 José María Tortosa stellt in seinen Kommentaren zu unserem Buch fest, dass diese Liste auch auf Spanien oder Griechenland angewendet werden könnte. Das angebliche Wachstum und Postwachstum bildeten keine Dichotomie, sondern ein Kontinuum. Schlecht daran sei, dass es dann keinen »letzten Kampf« gäbe.

32 Quijano, Aníbal (2014): De la dependencia histórico-estructural a la colonialidad/descolonialidad del poder. Antología Especial. CLACSO, Buenos Aires. Unter: https://es.scribd.com/document/220572491/Anibal-Quijano-Cuestiones-y-horizontes-Antologia-esencial-De-la-dependencia-historico-estructual-a-lacolonialidad-descolonialidad-de-poder-Ani, S. 29.

33 Quijano, Aníbal (2014): De la dependencia histórico-estructural a la colonialidad/descolonialidad del poder. Antología Especial. CLACSO, Buenos Aires. Unter: https://es.scribd.com/document/220572491/Anibal-Quijano-Cuestiones-y-horizontes-Antologia-esencial-De-la-dependencia-historico-estructual-a-lacolonialidad-descolonialidad-de-poder-Ani, S. 31.

34 Gudynas, Eduardo (2009): Diez tesis urgentes sobre el nuevo extractivismo. Contextos y demandas bajo el progresismo sudamericano actual, in: Schuldt, Jürgen; Acosta, Alberto; Barandiarán, Alberto; Bebbington, Anthony; Folchi, Mauricio; CEDLA-Bolivia; Alayza, Alejandra; Gudynas, Eduardo: Extractivismo, política y sociedad. CAAP/CLAES, Quito, S. 187-225. Gudynas, Eduardo (2013): Extracciones, extractivismos y extrahecciones: Un marco conceptual sobre la apropiación de recursos naturales, in: Observatorio del desarrollo, nº 18, Februar. Gudynas, Eduardo (2016). Acosta, Alberto (2014a): Iniciativa Yasuní-itt: La difícil construcción de la utopía. Unter: http://www.rebelion.org/noticia.php?id=180285. Gudynas, Eduardo (2009): El mandato ecológico: Derechos de la naturaleza y políticas ambientales en la nueva

Constitución, in: Acosta, Alberto; Esperanza Martínez (Hrsg.): Debate Constituyente (Reihe). Abya-Yala, Quito. Acosta, Alberto (2014): Post-crecimiento y post-extractivismo: Dos caras de la misma transformación cultural, in: Post-crecimiento y Buen Vivir. Propuestas globales para la construcción de sociedades equitativas y sustentables. FES-ILDIS, Quito. Unter: http://www.rebelion.org/noticia.php?id=196977.

35 Es wäre sehr interessant, Ähnlichkeiten und Unterschiede aufzustellen zum Beispiel zwischen Bolivien, Brasilien, Ecuador, Nicaragua, Peru oder Venezuela, für die Zwecke dieses Buches würde es jedoch zu weit führen.

36 Bei der Entwicklung des Extraktivismus können zwei Phasen unterschieden werden. Die erste deckt die 1970er-Jahre bis zum Jahr 2000 ab – in gewisser Weise wurde in dieser Zeit der Neo-Extraktivismus vorbereitet. Die zweite Phase, die ab 2000 begann und deren Dynamik sich ab 2003 beschleunigte, setzt sich bis heute fort, obwohl es zu einem Einbruch der Preise bei manchen Rohstoffen um 2014 kam. Es entstand der sogenannte Desarrollismo, die strikte Orientierung an kapitalistischer »Entwicklung«, die auf den globalen Markt ausgerichtet ist (siehe für die erste Phase Williamson, John (1990): What Washington means by policy reform, in: ders. (Hrsg.): Latin American Adjustment: How much has Happened? Institute for International Economics, Washington, DC, S. 7-20).

37 Gudynas, Eduardo (2009): Diez tesis urgentes sobre el nuevo extractivismo. Contextos y demandas bajo el progresismo sudamericano actual, in: Schuldt, Jürgen; Acosta, Alberto; Barandiarán, Alberto; Bebbington, Anthony; Folchi, Mauricio; CEDLA-Bolivia; Alayza, Alejandra; Gudynas, Eduardo: Extractivismo, política y sociedad. CAAP/CLAES, Quito, S. 187-225. Gudynas, Eduardo; Acosta, Alberto (2011): La renovación de la crítica al desarrollo y el buen vivir como alternativa, in: Utopía y Praxis Latinoamericana, Revista Internacional de Filosofía Iberoamericana y Teoría Social, Centro de Estudios Sociológicos y Antropológicos (CESA), Facultad de Ciencias Económicas y Sociales, Universidad del Zulia-Venezuela 16(53). April-Juni, S. 71-83. Toro Pérez, Catalina; Fierro Morales, Julio; Delgado, Sergio Coronado; Roa Avendaño, Tatiana (Hrsg.) (2012): Minería, territorio y conflicto en Colombia. Universidad Nacional de Colombia, Bogotá. Borras, Saturnino M.; Kay, Cristóbal; Gómez, Sergio; Wilkinson, John (2012): Land grabbing and global capitalist accumulation: key features in Latin America, in: Canadian Journal of Development Studies, 33 (4), S. 402-416. Svampa (2012, S. 48-56, 2015). Veltmeyer, Henry (2013): «The Political Economy of Natural Resource Extraction: A New Model or Extractive Imperialism?» Canadian Journal of Development Studies/Révue Canadienne D'études du Développement 34 (1), S. 79–95. Bebbington, Anthony; Bury, Jeffrey (Hrsg.) (2013): Subterranean Struggles. New Dynamics of Mining, Oil, and Gas in Latin America. University of Texas Press, Austin. Delgado Ramos, Gian C. (Hrsg.) (2013): Ecología política del extractivismo en América Latina: casos de resistencia y justicia socio-ambiental. CLASCO, Buenos Aires. Prada Alcoreza, Raúl (2014): Cartografías histórico-políticas. Extractivismo, dependencia y colonialidad. Dinámicas moleculares, La Paz. Unter:

http://dinamicas-moleculares.webnode.es/news/cartografias-historico-politicas. Burchardt, Hans J.; Dietz, Kristina (2014): (Neo-)extractivism – a new challenge for development theory from Latin America, in: Third World Quarterly 35(3), S. 468-486. Meschkat, Klaus (2015): Los gobiernos progresistas y las consecuencias políticas del neoextractivismo, in: Lang, Miriam; Cevallos, Belén; López, Claudia (Hrsg.): ¿Cómo trasformar? Instituciones y cambio social en América Latina y Europa. Abya Yala/Fundación Rosa Luxemburg, Quito, S. 77-89. Engels, Bettina; Dietz, Kristina (Hrsg.) (2016): Contested Extractivism, Society and the State: Struggles over Mining and Land. Palgrave Macmillan, London.

Zu Extraktivismus und Alltag siehe Gago, Verónica (2015): Financialization of Popular Life and the Extractive Operations of Capital: A Perspective from Argentina, in: The South Atlantic Quarterly 114 (1), S. 11-28.

38 Acosta, Alberto; Hurtado Caicedo, Francisco (2016): De la violación del Mandato Minero al festín minero del siglo XX. Unter: https://www.rebelion.org/noticia.php?id=215028.

39 Unter den verschiedenen Autoren, die zur Kolonialität der Macht gearbeitet haben, sind die Beiträge des brillanten peruanischen Denkers Aníbal Quijano hervorzuheben.

40 Unter den zahlreichen Werken zum Thema ist die umfangreiche und detaillierte Untersuchung von Francisco Muñoz (2015) zu empfehlen. Unter: https://redsosamazonas.files.wordpress.com/2015/07/libro-balance-critico-compressed.pdf.

41 Als ein paradigmatisches Beispiel gilt der Fall der Yasunidos in Ecuador, deren Vorschlag der Volksberatung vom Nationalen Wahlrat in einer Absprache mit der Regierung Rafael Correas aufgehoben wurde. Siehe: Estrategias de represión y control social del Estado ecuatoriano: Informe psicosocial en el caso de los Yasunidos (2015). Colectivo de Investigación y Acción Psicosocial, Ecuador. Unter: https://accionpsicosocial.files.wordpress.com/2015/01/informe-psicosocial-en-el-caso-yasunidos.pdf.

42 CEPAL (2011): Latin America and the Caribbean in the World Economy: A crisis generated in the centre and a recovery driven by the emerging economies. CEPAL/Naciones Unidas, Santiago de Chile, S. 21.

43 Siehe Fraser, Alastair; Larmer, Miles (Hrsg.) (2010): Zambia, Mining and Neoliberalism: Boom and Bust on the Globalized Copperbelt. Palgrave Macmillan, London. Pichler, Melanie (2015): Legal Dispossession: State Strategies and Selectivities in the Expansion of Indonesian Palm Oil and Agrofuel Production, in: Development and Change 46(3), S. 508-533.

44 Tricarico, Antonio (2012): The coming financial enclosure of the commons, in: Bollier, David; Helfrich, Silke (Hrsg.): The wealth of the commons. A world beyond state and market. Levellers Press, Amherst. Brand, Ulrich; Wissen, Markus (2014): Financialisation of Nature as Crisis Strategym in: Journal für Entwicklungspolitik 30(2), Special Issue on Financialisation of Food, Land and Nature, S. 16-45. Kill, Jutta (2015): Financialization of Nature. Creating a New Definition of Nature. Friends of the Earth International, Amsterdam.

45 http://www.bgr.bund.de/DE/Themen/Min_rohstoffe/Produkte/MPI/MPI_PDF.pdf?blob=publicationFile&v=8.

46 Es ist möglich, dass die Preise und die Nachfrage wieder wachsen werden. Allerdings wäre es politisch und ana-

lytisch falsch, es zu erwarten, ohne die notwendigen Schritte zu unternehmen, um die Abhängigkeit von solchen Produkten zu reduzieren. Die produktive Diversifizierung wäre ein Bestandteil für Veränderungen, vor allem im Hinblick auf Nahrungsmittelsouveränität und Ökotourismus.

47 Dieser Zusammenhang existiert schon seit längerer Zeit. Horacio Machado Ardoz beschreibt, wie der koloniale Bergbau in Amerika vor Hunderten von Jahren den fruchtbaren Boden für technologische Entwicklung der Zeit darstellte (Machado Aráoz, Horacio (2014): Potosí, el origen: Genealogía de la minería contemporánea).

48 Neue Energiequellen sind ein sehr wichtiges Thema, zu dem es viele Beiträge gibt, u. a. Scheer, Hermann (2005): Energieautonomie: Eine neue Politik für erneuerbare Energien. Verlag Antje Kunstmann, München. Scheer, Hermann (1999): Solare Wirtschaft. Verlag Antje Kunstmann, München. Rifkin, Jeremy (2016): Die Null-Grenzkosten-Gesellschaft. Fischer, Frankfurt/Main. Rifkin, Jeremy (2014): Die dritte industrielle Revolution. Fischer, Frankfurt a. Main.

49 Machado Aráoz, Horacio (2016): O debate sobre o »extrativismo« em tempos de ressaca A Natureza americana e a ordem colonial, in: Descolonizar o imaginário: Debates sobre pós-extrativismo e alternativas ao desenvolvimento. Fundação Rosa Luxemburgo, S. 462. Unter: http://rosaluxspba.org/wp-content/uploads/2016/08/Descolonizar_o_Imaginario_web.pdf. Auch unter: La naturaleza americana y el orden colonial del capital: El debate sobre el «extractivismo» en tiempos de resaca. Unter: https://www.rebelion.org/noticia.php?id=211020.

50 Zu dieser Frage gibt es viele Rechercheergebnisse von Carlota Perez, unter: http://www.carlotaperez.org/?l=es.

51 Es lohnt sich, die wertvollen Reflexionen von Vandana Shiva hervorzuholen, siehe Sachs, Wolfgang (Hrsg.) (1993): Wie im Westen so auf Erden, Rowohlt, Reinbek.

52 Wir empfehlen die Lektüre der wertvollen und hochaktuellen Schriften von Ivan Illich.

53 Bieling, Hans-Jürgen (2013): European Financial Capitalism and the Politics of (De-)financialization, in: Competition & Change 17 (3), S. 283-298, Konecny, Martin (2012): Die Herausbildung einer neuen Economic Governance als Strategie zur autoritären Krisenbearbeitung in Europa: Gesellschaftliche Akteure und ihre Strategien, in: Prokla 03/2012, S. 377-394.

54 Buckel, Sonja; Fischer-Lescano, Andreas (2009): Gramsci Reconsidered: Hegemony in Global Law, in: Leiden Journal of International Law 22, S. 437-454.

55 Bieling, Hans-Jürgen (2013): European Financial Capitalism and the Politics of (De-)financialization.

56 In der vorliegenden Arbeit verwenden wir ein breites Konzept der Krise und verstehen sie als eine multiple Krise. In diesem Unterkapitel werden wir uns jedoch auf die ökonomischen und finanziellen Dimensionen konzentrieren, die das Zentrum aktueller Diskussionen und Politik darstellen, weil sie die Bedingungen und Modi der Reproduktion von Akteuren beeinflussen, die sich politisch äußern können (vgl. etwa die Beiträge in Atzmüller, Roland; Becker, Joachim;

Brand, Ulrich; Oberndorfer Lukas; Redak, Vanessa; Sablowski,Thomas (Hrsg.) (2013): Fit für die Krise? Perspektiven der Regulationstheorie. Westfälisches Dampfboot Münster). So können wir aus politökonomischer Sicht und sehr allgemein gehalten Krisen als Momente betrachten, in denen die kapitalistische Akkumulation vorübergehende Unterbrechungen erfährt.

57 Institut für Gesellschaftsanalyse der Rosa-Luxemburg-Stiftung (2009): Die Krise des Finanzmarkt-Kapitalismus: Herausforderung für die Linke, in: Kontrovers 1/09, Berlin.

58 Vgl. auch Hebel, Stephan (2017): Mutter Blamage und die Brandstifter: Das Versagen der Angela Merkel – warum Deutschland eine echte Alternative braucht. Westend, Frankfurt/M. In gewisser Weise kommt das auch in Lateinamerika vor, wenn immer mehr Extraktivismus mit dem Argument gerechtfertigt wird, dass Ressourcen für die Sozialpolitik benötigt werden.

59 Bsirske, Frank (2012): Eurokrise – Fiskalpakt – sozial-ökologisches Umsteuern. Die Überlegungen der ver.di. Working Paper der DFG-KollegforscherInnengruppe Postwachstumsgesellschaften, Nr. 06/2012, Jena. Stützle, Ingo (2013): Austerität als politisches Projekt. Von der monetären Integration Europas zur Eurokrise. Westfälisches Dampfboot, Münster. Bieling, Hans-Jürgen (2013): European Financial Capitalism and the Politics of (De-)financialization, in: Competition & Change 17 (3), S. 283-298.

60 Marterbauer, Markus; Oberndorfer, Lukas (2014): Die Verselbständigung neoliberaler Wirtschaftspolitik in der EU. Von einem sozial-ökologischen Umbruch, der ansteht, aber nicht eintritt, in: Infobrief EU & International 04/2014, Wien.

61 Konecny, Martin (2012): Die Herausbildung einer neuen Economic Governance als Strategie zur autoritären Krisenbearbeitung in Europa. Gesellschaftliche Akteure und ihre Strategien, in: Prokla 03, S. 377-394.

62 Streeck, Wolfgang (2013): Gekaufte Zeit. Gekaufte Zeit: Die vertagte Krise des demokratischen Kapitalismus. Frankfurt/M.: Suhrkamp. Heise, Arne (2014): Auf den Ruinen des Neoliberalismus. Wolfgang Streecks Vision eines besseren Europas – eine Replik. https://www.econstor.eu/escollectionhome/10419/44913. Discussion Papers, Zentrum für Ökonomische und Soziologische Studien, Universität Hamburg.

63 Das ist ein wichtiges Thema in Europa und in Ländern wie Ecuador, die ihre Landeswährung verloren haben. Schuldt und Acosta schlagen vor, zumindest Bereiche der Währungssouveränität wiederzuerlangen (Schuldt, Jürgen; Acosta, Alberto (2017): Hacia una »moneda electrónica paralela« para afrontar la crisis, ¿por qué y cómo hacerlo?, in: Economía, S. 108, Universidad Central del Ecuador, Quito).

64 Schneider, Etienne (2017): Raus aus dem Euro – rein in die Abhängigkeit? Perspektiven und Grenzen alternativer Wirtschaftspolitik außerhalb des Euro. VSA, Hamburg.

65 Marterbauer, Markus; Oberndorfer, Lukas (2014): Die Verselbständigung neoliberaler Wirtschaftspolitik in der EU. Von einem sozial-ökologischen Umbruch, der ansteht, aber nicht eintritt, in: Infobrief EU & International 04/2014, Wien. Demirovic vertritt demgegenüber die These, dass der Neoliberalismus nie hegemonial war im Sinne eines breit akzeptierten Entwicklungsmodells, in dem die herrschenden Klassen zu Zugeständnissen gewillt und genötigt

wurden; vgl. Demirović, Alex (2010): Materialistische Staatstheorie und die Transnationalisierung des kapitalistischen Staates. In: Demirović, Alex; Adolphs, Stefan; Karakayali, Serhat (Hrsg.): Der kapitalistische Staat - ein verdichtetes Machtverhältnis? Baden-Baden, Nomos, 53-80.

66 Marterbauer, Markus; Oberndorfer, Lukas (2014): Die Verselbständigung neoliberaler Wirtschaftspolitik in der EU.

67 Oberndorfer, Lukas (2015): From New Constitutionalism to Authoritarian Constitutionalism: New Economic Governance And the State of European Democracy, in: Jäger, Johannes; Springler, Elisabeth (Hrsg.): Asymmetric Crisis in Europe and Possible Futures. Critical Political Economy and Post-Keynesian Perspectives. Routledge, London, S. 25-54. Etienne Schneider sieht einen Ausstieg aus der aktuellen Krise in der Kooperation möglicher linker Regierungen in Südeuropa (einschließlich Frankreich und Italien) gegen die Sparpolitik der Bundesregierung mit der Aussicht auf eine kooperative Desintegration des Euro. Gegenwärtig ist diese Strategie nicht möglich und kann einige Nachteile für die Bevölkerung der Länder mit sich bringen. Allerdings sublimiert diese Perspektive die problematische Dichotomie zwischen einer abstrakten Idee von Europa und der Rückkehr zum Nationalstaat (Schneider, Etienne (2017): Raus aus dem Euro – rein in die Abhängigkeit? Perspektiven und Grenzen alternativer Wirtschaftspolitik außerhalb des Euro. VSA, Hamburg).

68 Brand, Ulrich; Görg, Christoph (2003): ¿Globalización sustentable? Desarrollo sustentable como pegamento para el montón de cristales trizados del neoliberalismo, in: Ambiente & Sociedade 6 (1), São Paulo, S. 45-72.

69 Altvater, Elmar (1992): Die Zukunft des Marktes. Ein Essay über die Regulation von Geld und Natur nach dem Scheitern des »real existierenden Sozialismus«. Westfälisches Dampfboot, Münster.

70 Altvater (1993): The Future of the Market. Mitchell, Timothy (2011): Carbon Democracy. Political Power in the Age of Oil. London/New York: Verso. Brand, Ulrich; Wissen, Markus (2017): Imperiale Lebensweise. oekom, München.

71 Brand, Ulrich; Wissen, Markus (2015): Strategien einer Green Economy, Konturen eines grünen Kapitalismus: zeitdiagnostische und forschungsprogrammatische Überlegungen. In: Atzmüller, Roland/Becker, Joachim/ Brand, Ulrich/Oberndorfer, Lukas/ Redak, Vanessa/Sablowski, Thomas (Hrsg.): Fit für die Krise? Perspektiven der Regulationstheorie: Westfälisches Dampfboot, 132-148.

72 Wir benutzen das Konzept in einem weiten Sinne: Produktion und Lohnarbeit sowie Formen der individuellen und gesellschaftlichen Reproduktion durch Lohnarbeit und den Verbrauch von Gütern und Dienstleistungen, vgl. Brand, Ulrich; Wissen, Markus (2012): Global Environmental Politics and the Imperial Mode of Living. Articulations of State-Capital Relations in the Multiple Crisis, in: Globalizations 9(4), S. 547-560.

73 Lander, Edgardo (2011): The Green Economy: The Wolf in Sheep's Clothing. Unter: www.tni.org/greenwolf. Moreno, Camila (2013): Las ropas verdes del rey. La economía verde: una nueva fuente de acumulación primitiva, in: Lang, Miriam; López, Claudia; Santillana, Alejandra

(Hrsg.): Alternativas al Capitalismo/Colonialismo del Siglo XXI. Abya Yala/Rosa Luxemburg Foundation, Quito, S. 63-97. Salleh, Ariel (2012): Rio+20 and the extractivist green economy, in: Arena (119), S. 28-30. Brand, Ulrich; Lang, Miriam (2015): Green Economy, in: Pattberg, Philipp; Zelli, Fariborz (Hrsg.): Encyclopedia of Global Environmental Politics and Governance, Cheltenham: Edward Elgar, S. 461-469.

74 Sernageomin (2014): Anuario de la minería de Chile. Santiago de Chile.

75 Zu diesem Thema siehe auch Lohman, Larry (2012): Mercados de carbono. La neoliberalización del clima, in der Reihe: Debate Constituyente. Abya Yala, Quito. Moreno, Camila; Speich, Daniel; Fuhr, Lili (2015): Carbon metrics. Global abstractions and ecological epistemicide. Fundación Heinrich Böll, Berlin, unter: https://www.boell.de/sites/default/files/2015-11-09_carbon_metrics.pdf.

76 Schuldt, Jürgen (2013): Civilización del desperdicio: Psicoeconomía del consumidor. Universidad del Pacífico, Lima, S. 9.

77 Schuldt, Jürgen (2013): Civilización del desperdicio, S. 9.

78 Oxfam (2016): Una economía al servicio del 1% [PDF]. Unter: https://www.oxfam.org/sites/www.oxfam.org/files/file_attachments/bp210-economy-one-percent-tax-havens-180116-es_0.pdf.

79 https://www.oxfam.de/ueber-uns/aktuelles/2017-01-16-8-maenner-besitzen-so-viel-aermere-haelfte-weltbevoelkerung.

80 Schuldt, Jürgen (2013): Civilización del desperdicio, S. 10.

81 Brand, Ulrich (2016): Lateinamerikas Linke – Ende des progressiven Zyklus, VSA, Hamburg.

82 Schuldt, Jürgen (2013): Civilización del desperdicio, S. 37.

83 Schuldt, Jürgen (2013): Civilización del desperdicio. Jürgen Schuldt unterscheidet den relativen mikroökonomischen Unterkonsum, der sich auf die Verschwendung von verderblichen Gütern bezieht (Lebensmittel, Getränke, Medikamente), von der sogenannten Leerlaufkapazität des Konsums, bei der es um die Verschwendung von Gebrauchsgütern geht: Elektronik, Maschinen, Kleidung, Papier. Er stellt auch die Existenz eines absoluten mikroökonomischen Unterkonsums fest, wenn der Mensch nicht auf diese Waren zugreifen kann, weil er die Kaufkraft nicht hat oder weil es unmöglich ist, sie zu erwerben, was zu extremer Armut, Unterernährung, Krankheiten etc. führt.

84 Frers, Cristian (2010): ¿Hacia dónde va la basura electrónica? Unter: http://www.ecoportal.net/Temas-Especiales/Basura-Residuos/hacia_donde_va_la_basura_electronica.

85 Die »Deponie des Nordpazifiks« ist eine gigantische Müllhalde. Vier Fünftel davon besteht aus Kunststoff, der im Pazifischen Ozean schwimmt und mit einer Fläche von 700.000 Quadratkilometern fast dreimal so groß ist wie Ecuador.

86 Schuldt, Jürgen (2013): Civilización del desperdicio.

87 Schuldt, Jürgen (2013): Civilización del desperdicio, S. 9.

88 Schellnhuber, Hans Joachim (2015): Selbstverbrennung. Die fatale Dreiecksbeziehung zwischen Klima, Mensch und Kohlenstoff. Bertelsmann, München.

89 Rogelj, Joeri; McCollum, D.L.; Neill, B. C.; Riahi, K. (2015): Energy system transformations for limiting end-of-century warming to below 1.5 °C, in: Nature Climate Change 5, S. 519-527.

90 Brand, Ulrich; Wissen, Markus (2017): Imperiale Lebensweise. oekom, München, Kapitel 7.

Kapitel 3

1 Dörre, Klaus; Ehrlich, Martin; Haubner, Tine (2014): Landnahmen im Feld der Sorgearbeit, in: Aulenbacher, Brigitte; Riegraf, Birgit; Hildegard, Theobald (Hrsg.): Sorge: Arbeit, Verhältnisse, Regime. Nomos, Baden-Baden, S. 107-124 / Luxemburg, Rosa (1985 [1913]), Die Akkumulation des Kapitals. In: Rosa Luxemburg. Gesammelte Werke. Band 5: Ökonomische Schriften, Berlin, S. 413–523.

2 Biesecker, Adelheid; Hofmeister, Sabine (2010): (Re)productivity: Sustainable relations both between society and nature and between the genders, in: Ecological Economics 69 (8), S. 1703-1711.

3 Biesecker, Adelheid; Hofmeister, Sabine (2010): (Re)productivity, S.1.

4 Von Winterfeld, Uta (2006): Naturpatriarchen. Geburt und Dilemma der Naturbeherrschung bei geistigen Vätern der Neuzeit. oekom, München.

5 Wir zählen hier einige der wichtigsten Forscher und ihre jeweils wichtigsten Werke zum Thema auf: Boulding, Kenneth (1966): The economics of the coming spaceship earth, in: Jarrett, H. (Hrsg.): Environmental Quality in a Growing Economy. Resources for the Future/Johns Hopkins University Press, Baltimore, S. 1-14. Roegen, Nicholas Gergesku (1971): The Entropy Law and the Economic Process. Harvard University Press: Cambridge, Massachusetts. Mellor, Mary (1993): Breaking the boundaries: Towards a feminist green socialism. Virago Press, London. Leff, Enrique (1994): Ecología y capital: racionalidad ambiental, democracia participativa y desarrollo sustentable. Editorial Siglo XXI, México. Luks, Frad (2001): Die Zukunft des Wachstums. Marburg: Metropolis Verlag. Leff, Enrique (2004): Racionalidad Ambiental, La reapropiación social de la naturaleza. Editorial Siglo XXI, México. Leff, Enrique (2010): Imaginarios sociales y sustentabilidad (mimeo). Daly, Hermann E. (Hrsg.) (1999): Ecological Economics and the Ecology of Economics. Edward Elgar. Boserup, Ester (2007): Woman's role in economic development. Routeledge, London. Martínez Alier, Joan (2008): Decrecimiento sostenible. Revista Ecología Política, n. 35, Icaria, S. 51-58. Latouche, Serge (2008): La apuesta por el decrecimiento. ¿Cómo salir del imaginario dominante? Icaria, Barcelona. Latouche, Serge (2010): Degrowth. Journal of Cleaner Production 18(6), S. 519-522. Jackson (2011): Wohlstand ohne Wachstum. oekom, München. Naredo, José Manuel (2009): Luces en el laberinto: Autobiografía intelectual. Editorial Catarata, Madrid. Salleh, Ariel (2009): Eco-sufficiency and global justice. Spinifex Press, Sydney. Kerschner, Christian (2010): Economic de-growth vs. steady-state economy. In: Journal of Cleaner Production. 18, 544-551. Biesecker, Adelheid; Hofmeister, Sabine (2010): (Re)productivity. Paech, Niko (2012): Befreiung vom Überfluss. oekom, München.

6 Stiglitz, Joseph; Sen, Amartya; Fitoussi, Jean-Paul, 2009. Report by the Commission on the Measurement of Economic Performance and Social Pro-

gress, http://www.stiglitz-sen-fitoussi.fr

7 Mill, John Stuart (2016) [1848], Grundsätze der politischen oekonomie. Metropolis, Marburg.

8 Mill, John Stuart (2016) [1848], Grundsätze der politischen Ökonomie. Metropolis, Marburg, S. 41f.

9 Daly, Herman E. (1980): Economics, Ecology, Ethics. Essays Toward a Steady-State Economy. W.H. Freeman & Co.

10 Manchmal bezweifeln wir, dass das stattfindet, wenn wir die Macht und die Fähigkeiten der Propaganda und Werbung betrachten, uns glauben zu machen, dass es immer mehr Bedürfnisse gibt, die von den Forderungen der permanenten Kapitalakkumulation ausgehen.

11 Eine gute Zusammenfassung findet sich bei Spash, Clive L. (Hrsg.) (2016): Routledge Handbook of Ecological Economics. Nature and Society. Routledge, London.

12 Siehe Bryant, Raymond; Bailey, Sinead (1997): Third World Political Ecology. Routledge, London/New York. Alimonda, Héctor (Hrsg.) (2011): La Naturaleza colonizada. Ecología política y minería en América Latina. CLASCO, Buenos Aires. Alimonda, Héctor (2002): Ecología política. Naturaleza, sociedad y utopía. CLASCO, Buenos Aires. Forsyth, Timothy (2003): Critical Political Ecology. Routledge, London/New York. Whitehead, Mark; Jones, Rhys; Jones, Martin (2007): The nature of the state. Excavating the political ecologies of the modern state. University Press, Oxford. Robbins, Paul (2008): The state in political ecology. A postcard to political geography from the field, in: The Sage handbook of political geography. Sage, London, S. 205-218. Mann, Geoffrey (2009): Should political ecology be Marxist? A case for Gramsci's historical materialism, in: Geoforum 40 (3), S. 335-344. Peet, Richard; Robbins, Paul; Watts, Michael (Hrsg.) (2011): Global Political Ecology. Routledge, London/New York. Görg, Christoph (2011): Societal Relationships with Nature: A Dialectical Approach to Environmental Politics, in: Biro, Andrew (Hrsg.): Critical Ecologies. The Frankfurt School and Contemporary Environmental Crises. University of Toronto Press, S. 43-72. Brand, Ulrich; Wissen, Markus (2012): Global Environmental Politics and the Imperial Mode of Living. Articulations of State-Capital Relations in the Multiple Crisis, in: Globalizations 9(4), S. 547-560. Perreault, Tom; McCarthy, James; Bridge, Gavin (Hrsg.) (2015): The Routledge Handbook of Political Ecology. Routledge, London. Für die ökomarxistische Version siehe Altvater, Elmar (1993): The Future of the Market. Foster, John B. (2000): Marx's Ecology: Materialism and Nature. Monthly Review Press, New York. Eine ähnliche, aber stärker historische Perspektive ist die soziale Ökologie, siehe Haberl, Helmut; Fischer-Kowalski, Marina; Krausmann, Fridolin; Martínez-Alier, Joan; Winiwarter, Verena (2011): A Sociometabolic Transition towards Sustainability? Challenges for Another Great Transformation, in: Sustainable Development 19(1), S. 1-14.

13 Siehe: Environmental Justice Organisations, Liabilities and Trade. Mapping Environmental Justice, unter: http://www.ejolt.org.

14 Rosa, Hartmut (2012): Cuanto más rápido vivimos, menos tiempo tenemos.

15 Einige Beiträge zur Entwicklung der kritischen Theorie des Staates: Poulantzas, Nicos (1979): Estado, Poder y Socialismo. Siglo XXI, Madrid. Hirsch, Joachim (1997): Globalization of capital, nation-states and democracy, in: Studies in Political Economy (54), S. 39-58. Thwaites Rey, Mabel (2007): Estado y marxismo. Un siglo y medio de debates. Promoteo, Buenos Aires. Jessop, Bob (2007): State Power: A Strategic-Relational Approach. Polity, Cambridge. Tapia Mealla, Luis (2011), El estado de derecho como tiranía. CIDES-UMSA, La Paz. Tapia Mealla, Luis (2010): El estado en condiciones de abigarramiento, in: Linera, Álvaro García; Prada, Raúl; Tapia, Luis; Vega Camacho, Oscar (Hrsg.): El Estado. Campo de lucha. CLASCO et al., La Paz, S. 97-127. Demirović, Alex; Dück, Julia; Becker, Florian; Bader, Pauline (Hrsg.) (2011): VielfachKrise im finanzdominierten Kapitalismus. VSA, Hamburg. Sauer, Birgit; Wöhl, Stefanie (2011): Feminist Perspectives on the Internationalization of the State, in: Antipode 43 (1), S. 108-128. Gallas, Alexander; Kannankulam, John; Bretthauer, Lars; Stützle, Ingo (Hrsg.) (2011): Reading Poulantzas. Merlin Press, London. Brand, Ulrich (2012): El papel del Estado y de las políticas públicas en los pro-cesos de transformación, in: Lang, Miriam; Mokrani, Dunia (Hrsg.): Más Allá del Desarrollo. Abya Yala/Fundación Rosa Luxemburg, Quito, S. 145-158. Prada Alcoreza, Raúl (2015): El conservadurismo de los gobiernos progresistas. Unter: https://pradaraul.wordpress.com/2015/09/30/el-conservadurismo-de-los-gobiernos-progresistas/ .

16 Brand, Ulrich; Lang, Miriam (2015): Green Economy, in: Pattberg, Philipp; Zelli, Fariborz (Hrsg.): Encyclopedia of Global Environmental Politics and Governance, Edward Elgar, Cheltenham, S. 461-469.

17 Es gibt selbstverständlich nicht nur semantische Unterschiede, dennoch benutzen wir in diesem Buch die Begriffe »Degrowth« und »Postwachstum« als Synonyme. Der Begriff, der die Essenz dessen wäre, was Degrowth bedeutet, ist: Wachstumsverzicht.

18 Siehe etwa Jackson (2011): Wohlstand ohne Wachstum. Latouche (2015): Es reicht! oekom, München / Schneider, François; Kallis, Giorgos; Martinez-Alier, Joan (2010): Crisis or Opportunity? Economic Degrowth for Social Equity and Ecological Sustainability, in: Journal of Cleaner Production 18(6), S. 511-518. Martínez-Alier, Joan; Pascual, Unai; Vivien, Franck-Dominique; Edwin, Zaccai (2010): Sustainable De-Growth, in: Ecological Economics 69(9), S. 1741-1747. Schmelzer, Matthias; Passadakis, Alexis (2011): Postwachstum. Krise, ökologische Grenzen und soziale Rechte. VSA, Hamburg. Kallis, Giorgios (2011): In defense of degrowth. Biesecker, Adelheid; Wichterich, Christa; Winterfeld, Uta von (2012): Feministische Perspektiven zum Themenbereich Wachstum, Wohlstand, Lebensqualität. Paech, Niko (2014): Postwachstumsökonomie als Abkehr von der organisierten Verantwortungslosigkeit des Industriesystems, in: Pfaller, R./Kufeld, K. (Hrsg.): Arkadien oder Dschungelcamp. Leben im Einklang oder Kampf mit der Natur, Verlag Karl Alber, Freiburg/München, S. 217-247. Paech, Niko (2012): Befreiung vom Überfluss. Demaria, Federic; Schneider, François; Sekulova, Filka; Martínez-Alier, Joan (2013): What is degrowth? From an activist slogan to a social movement,

in: Environmental Values 22(2), S. 191-215. Gabbert, Karin (2013): Hay que dejar de crecer. Acerca del post-crecimiento, in: Alternativas al capitalismo y al colonialismo del siglo XXI. Grupo de Trabajo Permanente de la Fundación Rosa Luxemburg, Quito, S. 431-444. Muraca, Barbara (2014): Gut leben. Eine Gesellschaft jenseits des Wachstums. Wagenbach, Berlin. Brand, Ulrich (2014): Growth and Domination: Shortcomings of the (De-)Growth Debate, in: Pažėrė, A.; Bielskis, A. (Hrsg.): Debating with the Lithuanian Left: Terry Eagleton, Joel Bakan, Alex Demirović and Ulrich Brand. Vilnius, DEMOS, S. 34-48. Muraca, Barbara (2013): Décroissance: A Project for a Radical Transformation of Society, in: Environmental Values 22(2), S. 147-169. Mit einer instruktiven Vision zum Thema Georgescu-Roegen. Zur Rezeption der Debatte über Degrowth in Lateinamerika siehe Endara, Gustavo (Hrsg.): Post-crecimiento y Buen Vivir. Friedrich-Ebert-Stiftung, Quito, S. 125-164.

19 Eversberg, Dennis; Schmelzer, Matthias (2016): A Diverse and Conflictual Alliance: Convergence and Divergence at the Grassroots Level of the Emerging Degrowth Movement, in: Environmental Values, S. 1.

20 Muraca, Barbara (2014): Gut leben. Eine Gesellschaft jenseits des Wachstums. Wagenbach, Berlin.

21 Wilkinson, Richard; Pickett, Kate (2009): Desigualdad. Un análisis de la (in)felicidad colectiva. Turner Publications, Madrid, S. 35, 61.

22 Vgl. Schmidbauer (2017): Raubbau an der Seele. oekom, München.

23 Welzer, Harald (2011): Mentale Infrastrukturen. Wie das Wachstum in die Welt und in die Seelen kam, Heinrich-Böll-Stiftung, Berlin.

24 Welzer, Harald; Sommer, Bernd (2014): Transformationsdesign. Wege in eine zukunftsfähige Moderne. oekom, München, S. 21f.

25 Welzer (2014): Transformationsdesign, S. 13.

26 Leff, Enrique (2008): «Decrecimiento o deconstrucción de la economía». Revista virtual Peripecias, nº 117, 8. Oktober.

27 Tortosa, José María (2011): Maldesarrollo y mal vivir: Pobreza y violencia escala mundial, in: Acosta, Alberto; Martínez, Esperanza (Hrsg.), in der Reihe: Debate Constituyente. Abya Yala, Quito. Smith, Philip; Max-Neef, Manfred (2011): Economics Unmasked. From power and greed to compassion and the common good. Green Books, S. 155-162.

28 Die Liste der Autoren aus Lateinamerika ist sehr lang. Neben Eduardo Gudynas oder Maristella Svampa empfehlen wir die Beiträge von Jorgenson, Andrew A.; Rice, James (2005): Structural Dynamics of International Trade and Material Consumption: A Cross-National Study of the Ecological Footprints of Less-Developed Countries, in: Journal of World-Systems Research 11(1), S. 57-77. Hornborg, Alf; McNeill, J. R.; Martínez-Alier, Joan (Hrsg.) (2007): Rethinking Environmental History: World-System History and Global Environmental Change. Globalization and the Environment. Lanham et al. Alta Mira Press. Roberts, J. Timmons (2009): Ecologically Unequal Exchange, Ecological Debt, and Climate Justice. The History and Implications of Three Related Ideas for a New Social Movement, in: International Journal of Comparative Sociology 50 (3-4), S. 385-409. Oder die zahlreichen Beiträge von Joan Martínez Alier.

29 Kallis (2011): In defense of degrowth, S. 878.

30 Jackson (2011): Wohlstand ohne Wachstum, S. 54.

31 Jackson (2011): Wohlstand ohne Wachstum, S. 175ff. Martínez-Alier, Joan; Pascual, Unai; Vivien, Franck-Dominique; Edwin, Zaccai (2010): Sustainable De-Growth. Muraca, Barbara (2013): Décroissance.

32 Schor, Juliet B. (2010): Plenitud. The New Economics of True Wealth. The Penguin Press, New York.

33 Texte zu diesem Thema werden immer zahlreicher. Hervorzuheben sind die Beiträge von Eduardo Gudynas, etwa in dem Artikel »Buen Vivir: sobre secuestros, domesticaciones, rescates y alternativas«, in: Gudynas, Eduardo (2014b): Buen Vivir: sobre secuestros, domesticaciones, rescates y alternativas, in: Bifurcación del Buen Vivir y el sumak kawsay. Ediciones sumak, Quito, S. 23-46. In demselben Buch der Essay von Josef Estermann »Ecosofía andina: Un paradigma alternativo de convivencia cósmica y de vida plena«. Oviedo Freire, Atawallpa (2011): Qué es el sumak kawsay: Más allá del socialismo y capitalismo, Ediciones sumak, Quito. Empfehlenswert ist auch das Buch von Giraldo, Omar Felipe (2014): Utopías en la era de la supervivencia: Una interpretación del Buen Vivir. Editorial Itaca, México.

34 Paech (2012): Befreiung vom Überfluss, S. 120ff.

35 Paech (2012): Befreiung vom Überfluss, S. 108.

36 Ferrer, Aldo (2002): Vivir con lo nuestro. Nosotros y la globalización. Fondo de Cultura Económica, Buenos Aires.

37 Muraca (2013): Décroissance. Kallis, Giorgos; Hug, March (2015): Imaginaries of Hope: the dialectical utopianism of degrowth, in: Annals of the Association of the American Geographers 105(2), S. 360-368. D'Alisa, Giacomo; Demaria, Frederico; Kallis, Giorgios (Hrsg.) (2015): Degrowth. Handbuch für eine neue Ära. oekom, München.

38 Latouche, Serge (2010): Degrowth. Journal of Cleaner Production 18(6), S. 519-522. Muraca, Barbara (2014): Gut leben.

39 Muraca, Barbara (2014): Gut leben, S. 40. Thie, Hans (2013): Rotes Grün. Pioniere und Prinzipien einer ökologischen Gesellschaft. VSA, Hamburg. Dieses Projekt wirft eine interessante Frage auf: Wie werden wir in der Zukunft, zum Beispiel im Jahr 2050, auf das blicken, was wir heute unternehmen, um einen gewissen Wandel zu beginnen und zu fördern?

40 Muraca, Barbara (2014): Gut leben, S. 18.

41 Piketty, Thomas (2016): Das Kapital im 21. Jahrhundert. C.H. Beck, München. (Engl.: Piketty, Thomas (2014): Capital in the Twenty-First Century. The Belknap Press of Harvard University Press, England.)

42 Thie, Hans (2014): Im Club der Visionäre, in: Der Freitag, 04.09.2014.

43 Siehe Bsirske, Frank (2012): Eurokrise – Fiskalpakt – sozial-ökologisches Umsteuern. Die Überlegungen der ver.di. Working Paper der DFG-KollegforscherInnengruppe Postwachstumsgesellschaften, Nr. 06/2012, Jena. Reuter, Norbert (2014): Die Degrowth-Bewegung und die Gewerkschaften, in: WSI-Mitteilungen 07/2014, S. 555-559.

44 Veblen, Thorstein (2007): Theorie der feinen Leute. Eine ökonomische Untersuchung der Institutionen. Fischer, Frankfurt/Main. Keynes, John May-

nard (1930): Economic Possibilities for our Grandchildren, in: Essays in Persuasion. W. W. Norton & Co., New York 1963, S. 358-373.

45 Patel, Raj (2009): The Value of Nothing. How to Reshape Market Society and Redefine Democracy. Picador, New York.

46 Brand (2014): Growth and Domination.

47 Muraca, Barbara (2013): Décroissance.

48 Marx, Karl; Engels, Friedrich (2016) [1845/46]: Die deutsche Ideologie. Hofenberg, Berlin, S. 33.

49 Gramsci, Antonio (2008): Gefängnisbriefe. Band 2: Briefwechsel mit Tatjana Schucht 1926–1930. Apitzsch, Ursula; Kammerer, Peter; Natoli, Aldo (Hrsg.) Argument-Verlag, Hamburg.

50 Demirović, Alex (1997), Demokratie und Herrschaft. Westfälisches Dampfboot, Münster, S. 257.

51 Spash, Clive L. (2012): New foundations for ecological economics, in: Ecological Economics (77), S. 36-47.

52 Reuter, Norbert (2014): Die Degrowth-Bewegung und die Gewerkschaften, in: WSI-Mitteilungen 07/2014, S. 555-559. Zur Bedeutung der Degrowth-Debatte für die Arbeitssoziologie im Allgemeinen siehe Mahnkopf, Birgit (2012), Kapitalismuskritik als Wachstumskritik, in: Dörre, Klaus; Sauer, Dieter; Wittke, Volker (Hrsg.): Kapitalismustheorie und Arbeit. Campus, Frankfurt/Main, S. 389-408.

53 Biesecker, Adelheid; Hofmeister, Sabine (2010): (Re)productivity.

54 D'Alisa, Giacomo; Demaria, Frederico; Kallis, Giorgios (Hrsg.) (2015): Degrowth.

55 Dörre, Klaus; Ehrlich, Martin; Haubner, Tine (2014): Landnahmen im Feld der Sorgearbeit.

56 Max-Neef, Manfred; Elizalde, Antonio; Hopenhayn, Martín (1986): Desarrollo a escala humana: una opción para el futuro, in: Development Dialogue, número especial. CEPAUR, Fundación Dag Hammarskjold.

57 Die Diskussion über dieses Thema zieht weltweit immer breitere Kreise. Wir empfehlen dazu beispielhaft die Beiträge von Coraggio, José Luis (2011): Economía social y solidaria: El trabajo antes que el capital, in: Acosta, Alberto; Martínez, Esperanza (Hrsg.): Debate Constituyente (Reihe). Abya Yala, Quito.

58 Muraca, Barbara (2014): Gut leben.

59 Exner, Andreas (2014): Degrowth and Demonetization: On the Limits of a Non-Capitalist Market Economy, in: Capitalism Nature Socialism 25(3), S. 9-27.

60 Siehe die Beiträge von Seidl, Irmi; Zahrnt, Angelika (Hrsg.) (2010): Postwachstumsgesellschaft: Neue Konzepte für die Zukunft. Metropolis-Verlag, Marburg.

61 Jaeggi, Rahel (2014): Kritik von Lebensformen. Suhrkamp, Frankfurt/M.

62 Graefe, Stefanie (2016): Grenzen des Wachstums? Resiliente Subjektivität im Krisenkapitalismus, in: Psychosozial 142/2016.

63 http://www.ejolt.org.

64 Rodríguez-Labajos, Beatriz; Bond, Patrick; Serah Munguti, Luciw Greyl; Ojo, Godwin; Overbeek, Winnie; Yánez, Ivonne (2015): Environmental Justice in the South and Degrowth. Are there really bases for an alliance?

65 Gudynas, Eduardo (2012): Worte sind nicht neutral. Ein lateinamerikanischer Blick auf die Diskussion um »Wachstumsrücknahme«, in: Südlink 159 (März), S. 14-15.

66 Shrivastava, Aseem; Kothari, Ashish (2012): Churning the Earth: The Making of Global India. Viking/PenguinBooks, Delhi.

67 Kothari, Ashish (2014a): Radical ecological democracy: A path for India and beyond, in: Development 57(1), S. 36-45.

68 Kothari, Ashish (2014b): Degrowth and Radical Ecological Democracy: A View from the South. Unter: http://blog.postwachstum.de/degrowth-and-radical-ecological-democracy-a-view-from-the-south-20140627.

Kapitel 4

1 Leff, Enrique (2008): Decrecimiento o deconstrucción de la economía, S. 3.

2 Wenn wir in diesem Buch die Bezeichnungen »Buen Vivir« (Gutes Leben) oder »Vivir Bien« (Gut leben) verwenden, sind sie, wenn nicht anders angegeben, identisch mit »Sumak Kawsay« *(kichwa)*, »Suma Qamaña« *(aymara)* und »Ñande Reko« *(guaraní)*.

3 Die Diskussion über die Plurinationalität und die Beiträge der indigenen Welt dazu sind in Bolivien und in geringerem Maße auch in Ecuador sehr breit gefächert. Im Kern erkennt die Plurinationalität an, dass es nicht um ein angenommenes homogenes Staatsvolk geht – wie üblicherweise in den modernen Verfassungen –, sondern dass die Gesellschaften höchst plural organisiert sind und sich das auch in den Verfassungen ausdrücken muss. Aus einer sehr langen Liste können dazu die deutschen Texte von Isabella Radhuber und Philipp Altmann sowie die Beiträge von Aníbal Quijano, Boaventura de Souza Santos und Raúl Prada Alcoreza u. a. empfohlen werden.

4 Zur Debatte um das Konzept siehe z. B. Gudynas, Eduardo (2012): Worte sind nicht neutral. Ein lateinamerikanischer Blick auf die Diskussion um »Wachstumsrücknahme«, in: Südlink 159 (März), S. 14-15. Lang, Miriam; Mokrani, Dunia (Hrsg.) (2013): Más Allá del Desarrollo. Abya Yala/Fundación Rosa Luxemburg, Quito. Acosta, Alberto; Martínez, Esperanza; Sacher, William (2013): Salir del extractivismo: una condición para el Sumak Kawsay. Propuestas sobre petróleo, minería y energía en el Ecuador, in: Alternativas al capitalismo y al colonialismo del siglo XXI. Grupo de Trabajo Permanente de la Fundación Rosa Luxemburg, Quito, S. 307-380. Villalba, Unai (2013): Buen Vivir vs Development: A Paradigm Shift in the Andes?, in: Third World Quarterly, 34 (8), S.1427-1442. Systematisierung der feministischen Debatte bei Vega Ugalde, Silvia (2014): Sumak kawsay, feminismos y post-crecimiento: articulaciones para imaginar utopías, in: Endara, Gustavo (Hrsg.): Post-crecimiento y Buen Vivir. Friedrich-Ebert-Stiftung, Quito, S. 355-374.

5 Die Literatur über den Widerstand gegen den Extraktivismus wächst und diversifiziert sich ständig.

6 Gabbert, Karin (2012): Das Gute Leben ist in aller Munde, Einleitung in: Gudynas, Eduardo: Buen Vivir. Das Gute Leben jenseits von Wachstum und Entwicklung. Rosa Luxemburg Stiftung, Berlin.

7 Siehe z. B. Unceta, Koldo (2014): Post-crecimiento y desmercantilización: propuestas para el buenvivir, in: Endara, Gustavo (Hrsg.): Post-crecimiento y Buen Vivir. Friedrich-Ebert-Stiftung, Quito, S. 61-94. S. 67-73 und Acosta, Alberto (2014b): Post-crecimiento y post-extractivismo: Dos

caras de la misma transformación cultural, in: Post-crecimiento y Buen Vivir. Propuestas globales para la construcción de sociedades equitativas y sustentables. FES-ILDIS, Quito. Unter: http://www.rebelion.org/noticia.php?id=196977. Moreno, Camila (2014): Des-desarrollo como antesala para el buen vivir: repensar la civilización del occidente, in: Endara, Gustavo (Hrsg.): Post-crecimiento y Buen Vivir. Friedrich-Ebert-Stiftung, Quito, S. 265f., unterstreicht die Notwendigkeit der Desurbanisierung.

8 Siehe z. B. Gudynas, Eduardo (2012): Worte sind nicht neutral. Lander, Edgardo; Arze, Carlos; Gómez, Javier; Ospina, Pablo; Álvarez, Víctor (2013), Promesas en su laberinto. Cambios y continuidades en los gobiernos progresistas de América Latina. Instituto de Estudios Ecuatorianos IEE, Centro de Estudios para el Desarrollo Laboral y Agrario cedla, Centro Internacional Miranda CIM, Quito, La Paz, Caracas. Svampa, Maristella (2012): Resource Extractivism and Alternatives: Latin American Perspectives on Development, in: Journal für Entwicklungspolitik (jep) 28, S. 43-73.

9 Fairhead, James; Leach, Melissa; Scoones, Ian (2012): Green Grabbing: a new appropriation of nature?, in: Journal of Peasant Studies (39), S. 237-261. Peluso, Nancy Lee; Lund, Christian (2011): New frontiers of land control, in: Journal of Peasant Studies 38, S. 667-681. Svampa, Maristella (2012): Resource Extractivism and Alternatives: Latin American Perspectives on Development, in: Journal für Entwicklungspolitik (jep) 28, S. 43-73. Unceta, Koldo (2014b): Desarrollo, postcrecimiento y Buen Vivir: Debates e interrogantes, in der Reihe: Debate Constituyente (Hrsg.: Acosta, Alberto; Martínez, Esperanza). Abya-Yala, Quito. Gudynas, Eduardo (2016): Extractivismos. Ecología, economía y política de un modo de entender el desarrollo y la Naturaleza. CEDIB/CLAES, Cochabamba (Bolivia).

10 Svampa, Maristella (2012): Resource Extractivism and Alternatives, S. 56.

11 Für Bolivien siehe Andreucci, Diego; Radhuber, Isabella M. (2015): Limits to »counter-neoliberal« reform: Mining expansion and the marginalisation of post-extractivist forces in Evo Morales's Bolivia, in: Geoforum. Unter: http://www.sciencedirect.com/science/article/pii/S0016718515002304 / CEDLA-Centre for Labour and Agricultural Development (2014): Ley Minera del MAS privatista y anti-indígena, in: Boletín de seguimiento a políticas públicas, 26. Für Ecuador siehe Sacher, William (2016): La ofensiva megaminera china en el Ecuador. Sacher, William; Acosta, Alberto (2012): La minería a gran escala en el Ecuador. Análisis y datos estadísticos sobre la minería industrial. Fundación Rosa Luxemburg, Abya Yala, Quito.

12 Siehe Lang, Miriam; Mokrani, Dunia (Hrsg.) (2013): Más Allá del Desarrollo. Abya Yala/Fundación Rosa Luxemburg, Quito.

13 Unceta, Koldo (2009): Desarrollo, Subdesarrollo, maldesarrollo y postdesarrollo. Una mirada Transdisciplinar sobre el debate y sus implicaciones, in: Carta Latinoamericana, Contribuciones en Desarrollo y Sociedad en América Latina, nº 7. CLAES, Montevideo, S. 1-34.

14 Esteva, Gustavo (1995): Desarrollo, in: Sachs, Wolfgang (Hrsg.): Diccionario del desarrollo. Una guía del conocimiento como poder. PRATEC, Perú. (Erste Ausgabe auf Englisch (1992): Development Dictionary: A

Guide to Knowledge as Power. Zed Books, London). Ziai, Aram (Hrsg.) (2007): Exploring Post-Development. Theory and Practice, Problems and Perspectives. Routledge, London.

15 Jasanoff, Sheila (Hrgs.) (2004): States of knowledge. The coproduction of science and social order. Routledge, London.

16 Unter *Ayllu* versteht man eine Gruppe von Familien, die durch Blutsverwandtschaft und Affinitätseigenschaften miteinander verwandt sind.

17 Vega Camacho, Óscar (2012): Paths for Good Living: The Bolivian Constitutional Process, in: Journal für Entwicklungspolitik (jep) 28, S. 95-117.

18 Colectivo Voces De Alerta (2011): 15 mitos y realidades de la minería transnacional en la Argentina. Colección Cascotazos/Editorial El Colectivo y Ediciones Herramienta, Buenos Aires. Svampa, Maristella (2012): Resource Extractivism and Alternatives. Acosta, Alberto; Martínez, Esperanza; Sacher, William (2013): Salir del extractivismo. Klein, Dieter (2013): Das Morgen tanzt im Heute. Transformation im Kapitalismus und über ihn hinaus. VSA, Hamburg. Endara, Gustavo (Hrsg.) (2014): Post-Crecimiento y Buen Vivir. Propuestas globales para la construcción de sociedades equitativas y sustentables. Fundación Friedrich Ebert, Quito. Lang, Miriam; Cevallos, Belén; López, Claudia (Hrsg.) (2015): Cómo trasformar? Instituciones y cambio social en América Latina y Europa. Abya Yala, Fundación Rosa Luxemburg, Quito.

19 Dietz, Kristina (2014), Nord-Süd-Dimensionen der Wachstumskritik, in: Redaktionsgruppe Degrowth (Hrsg.): Mehr oder weniger. Wachstumskritik von links. Rosa-Luxemburg-Stiftung, Berlin, S. 21.

20 Becker, Egon (2001): La transformación ecológica-social – Notas para una ecología política sostenible, in: Thiel, Reinhold E. (Hrsg.): Teoría del desarrollo. Nuevos enfoques y problemas. Editorial Nueva Sociedad, Caracas, S. 8.

21 Schumpeter, Joseph A. (1993): Kapitalismus, Sozialismus und Demokratie. UTB, Stuttgart.

22 Latour, Bruno (2008): Wir sind nie modern gewesen. Versuch einer symmetrischen Anthropologie. Suhrkamp, Frankfurt/Main, S. 9.

23 Salleh, A. (2017) Ecofeminism as Politics. Nature, Marx and the Postmodern. Zed Books, London.

24 Siehe die Gedanken zur politischen Ökologie in Kapitel 3.

25 Ein guter Überblick über die Geschichte der Erdölförderung in Ecuador und die Rolle von Texaco dabei findet sich bei Berlekamp, Hinnerk (2014): Erdöl in Ecuador. Schwarzes Gold, schwarzes Gift. In: Berliner Zeitung, 05.01.2014. Eine ausführliche Darstellung des Konflikts um Yasuni-ITT findet sich bei Acosta, Alberto (2015): Buen vivir. oekom, München.

26 ITT bezieht sich auf drei Ölquellen, die Ishpingo, Tambococha und Tiputini genannt werden. Die Initiative löste eine interessante Debatte auch auf internationaler Ebene aus. Aus einer sehr langen Liste heben wir einige der Beiträge hervor: Martínez-Alier, Joan (2007): Ecuador: La moratoria petrolera en el Parque Nacional Yasuní. Unter: http://www.biodiversidadla.org/Menu_Derecha/Prensa/Ecuador_la_moratoria_petrolera_en_el_Parque_Nacional_Yasuni. Martínez, Esperanza (2009): Yasuní. El tortuoso camino de Kyoto a Quito. CEP y Ediciones Abya Yala, Quito.

Unter: http://www.agenciaecologista.info/libros-recomendados/523-yasuni-el-tortuoso-camino-de-Kyoto-a-quito. Acosta, Alberto; Gudynas, Eduardo; Martínez, Esperanza; Vogel, Joseph (2009): Dejar el crudo en tierra o la búsqueda del paraíso perdido. Elementos para una propuesta política y económica para la Iniciativa de no explotación del crudo del ITT, in: Polis. Revista de la Universidad Bolivariana, vol 8, nº 23, Santiago de Chile, S. 429. Unter: http://www.redalyc.org/articulo.oa?id=30511379019. Larrea, Carlos (2009): Yasuní-ITT: Una Iniciativa para cambiar la historia. Ministerio de Relaciones Exteriores y Ministerio del Ambiente, Quito. Unter: http://www.campusvirtual.uasb.edu.ec/uisa/images/yasuni/documentos/2011%20itt%20folleto%20esp.pdf. Narvaéz, Iván (2009): Petróleo y poder: el colapso de un lugar singular Yasuní. (flacso-gtz). Quito. Unter: www.flacsoandes.org/biblio/catalog/resGet.php?resId=25059. Martínez, Esperanza; Acosta, Alberto (comps.) (2010): itt-Yasuní Entre el petróleo y la vida. Abya Yala, Quito. Unter: http://es.scribd.com/doc/166974981/ITT-Yasuni-Entre-el-petroleo-y-la-vida. Vogel, Henry Joseph (2010): The Economics of the Yasuní Initiative. Climate Change as if Thermodynamics Mattered. Anthem Press, New York. Unter: http://books.google.com.ec/books?id=fviQUtyNJQIC&printsec=frontcover&source=gbs_ge_summary_r&cad=0#v=onepage&q&f=false. Acosta, Alberto (2014a): Iniciativa Yasuní-ITT: La difícil construcción de la utopía.

27 Die Aussagen in ihrer Gänze können nachgehört werden unter: https://www.youtube.com/watch?v=Gn3TmHMZVIk&feature=youtu.be&a.

28 http://sitio.yasunidos.org/es/comunicacion/blog/266-compromisos-de-los-candidatos-ante-los-siete-puntos-para-yasunizar-el-debate-2017.html.

Kapitel 5

1 Zibechi, Raúl (2015): Crisis de los gobiernos progresistas, in: Contrapunto (El Salvador), 30. Dezember 2015. Machado, Decio; Zibechi, Raúl (2016): Cambiar el mundo desde arriba: Los límites del progresismo. Ediciones desde abajo, Bogotá.

2 Lorenz, Stephan (2014): Mehr oder weniger? Zur Soziologie ökologischer Wachstumskritik und nachhaltiger Entwicklung. Transcript, Bielefeld, S. 72.

3 Hollender, Rebecca (2015): Post-Growth in the Global South. The Emergence of Alternatives to Development in Latin America, in: Socialism and Democracy 29(1), S. 74. Vgl. auch Brand, Ulrich; Boos, Tobias; Brad, Alina (2017): Degrowth and Post-Extractivism: Two Debates with Suggestions for the Inclusive Development Framework. In: Current Opinion in Environmental Sustainability 24, S. 36-41.

4 Schneider, François; Kallis, Giorgos; Martinez-Alier, Joan (2010): Crisis or Opportunity?, S. 511.

5 Paech, Niko (2014): Postwachstumsökonomie als Abkehr von der organisierten Verantwortungslosigkeit des Industriesystems, in: Pfaller, R./Kufeld, K. (Hrsg.): Arkadien oder Dschungelcamp. Leben im Einklang oder Kampf mit der Natur, Verlag Karl Alber, Freiburg/München, S. 217-2476. Siehe Eversberg, Dennis; Schmelzer, Matthias (2016): A Diverse and Conflictual Alliance: Convergence and Di-

vergence at the Grassroots Level of the Emerging Degrowth Movement, in: Environmental Values. Konzeptwerk Neue Ökonomie e.V., DFG-Kolleg Postwachstumsgesellschaften (Hrsg.) (2017): Degrowth in Bewegung(en). 32 alternative Wege zur sozial-ökologischen Transformation. oekom, München.

7 Siehe Tapia Mealla, Luis (2010): El estado en condiciones de abigarramiento, in: Linera, Álvaro García; Prada, Raúl; Tapia, Luis; Vega Camacho, Oscar (Hrsg.): El Estado. Campo de lucha. CLASCO et al., La Paz, S. 97-127. Zavaleta, René (2009): Problemas de la determinación dependiente y la forma primordial, in: Tapia, Luis; Zavaleta, René (Hrsg.): La autodeterminación de las masas. Siglo del Hombre Editores/clacso, Bogotá, S. 291-320.

8 Kothari, A.; Demaria, F.; Acosta, A. (2015): Buen Vivir, Degrowth and Ecological Swaraj: Alternatives to sustainable development and the Green Economy, in: Development, 57 (3/4), S. 362-375.

9 Lorenz (2014: 46) kritisiert, dass die aktuelle wachstumskritische Debatte stark vom Konsum her denkt und Produktionsaspekte unterschätzt.

10 Lessenich, Stephan (2014): Akteurszwang und Systemwissen. Das Elend der Wachstumsgesellschaft. Working Paper der DFG-KollegforscherInnengruppe Postwachstumsgesellschaften, Nr. 3/2014, Jena.

11 Acosta (2015): Buen vivir.

12 Anregungen aus dem globalen Norden finden sich etwa bei Jackson, Tom (2017): Wohlstand ohne Wachstum – das Update. oekom, München.Habermann, Friederike (2016). Ecommony. UmCARE zum Miteinander. Sulzbach: Ulrike Helmer Verlag. Konzeptwerk Neue Ökonomie e.V., DFG-Kolleg Postwachstumsgesellschaften (Hrsg.) (2017): Degrowth in Bewegung(en). 32 alternative Wege zur sozial-ökologischen Transformation. oekom, München. Scheidler, Fabian (2017): Chaos. Das neue Zeitalter der Revolutionen. Wien: Promedia, S. 113ff.

13 Siehe das Treffen der Bewegungen und städtischen Organisationen »Vivir Bien/Buen Vivir desde contextos urbanos«. El Alto, La Paz (Bolivien), 28. April bis 5. Mai 2013. Unter: http://www.rosalux.org.ec/attachments/article/738/FWT%20RD-Memoria%20Encuentro%20Urbano%20Internacional2013Bolivia.pdf.

14 Vgl. etwa Maschkowski, Gesa; Ristig-Bresser, Stephanie; Hable, Silvia; Rost, Norbert; Schem, Michael (2017): Transition-Initiativen. In: Konzeptwerk Neue Ökonomie. DFG-Kolleg Postwachstumsgesellschaften, (2017). Degrowth in Bewegung(en). 32 alternative Wege zur sozial-ökologischen Transformation. oekom, München, https://www.transition-initiativen.de.

Kapitel 6

1 Als interessante Begebenheit erwähnen wir die Erklärung von Präsident Correa, der angesichts der Konjunkturabschwächung das Wirtschaftswachstum hinterfragte und erklärte, es sei für ein »Gutes Leben« nicht nötig (20. Oktober 2015). Unter: http://www.larepublica.ec/blog/politica/2015/10/20/correa-reitera-crecimiento-economico-no-es-necesario-buen-vivir/.

2 Houtart, François (2013): Ética social de la vida: hacia el bien común de la humanidad. Iepala editorial, Madrid.

3 Brand, Ulrich; Wissen, Markus (2017): Imperiale Lebensweise, Kapitel 8.

4 Houtart, François (2013): Ética social de la vida, S. 46.

5 Gudynas, Eduardo (2014): Sustentación, aceptación y legitimación de los extractivismos, S. 13. Brand, Ulrich/ Pühl, Katharina/Thimmel, Stefan (eds., 2013): Wohlstand – wie anders? Linke Perspektiven. Reihe Manuskripte Nr. 5. Berlin: Rosa-Luxemburg-Stiftung. http://www.rosalux.de/publication/39525/wohlstand-wie-anders.html. Lorenz, Stephan (2014): Mehr oder weniger? Zur Soziologie ökologischer Wachstumskritik und nachhaltiger Entwicklung. Transcript, Bielefeld.

6 Brand, Ulrich; Lang, Miriam (2015): Green Economy, in: Pattberg, Philipp; Zelli, Fariborz (Hrsg.): Encyclopedia of Global Environmental Politics and Governance, Cheltenham: Edward Elgar, S. 461-469.

7 Demirović, Alex (2014): The Critique of Politics. Unter: https://viewpointmag.com/2014/10/24/the-critique-of-politics/2011. Materialist State Theory and the Transnationalization of the Capitalist State, in: Antipode 43 (1), S. 38-59.

8 Die utopische Dimension neu entdecken. Brief an die Freunde (28. Mai 2005). CyberAyllu. Unter: http://www.andes.missouri.edu/andes/Especiales/AJG_CartaAmigos.html.

9 Flores Galindo, Alberto (1990): Reencontremos la dimensión utópica. Instituto de Apoyo Agrario/El Caballo Rojo, Lima.

10 José Carlos Mariátegui: Defensa del marxismo: Polémica revolucionaria, Biblioteca Amauta, Lima, 1985, S. 249.

11 Einige wichtige Beiträge: Negri, Toni; Hardt, Michael (2002): Imperio. Paidós Ibérica. Panitch, Leo; Gindin, Sam (2012): The Making of Global Capitalism. The Political Economy of American Empire. Verso, London. Kumar, Deepa (2014): Imperialist feminism and liberalism, in: Open Democracy, 6. November.

12 Siehe z. B. die Vorschläge in: Acosta, Alberto; Cajas, John (2015): Instituciones transformadoras para la economía global: Pensando caminos para dejar atrás el capitalismo, in: La osadía de lo nuevo: Alternativas de política económica. Grupo de Trabajo Permanente de la Fundación Rosa Luxemburg. Abya Yala, Quito, S. 133-197.

13 Dörre, Klaus (2009): Die neue Landnahme. Dynamiken und Grenzen des Finanzmarkt-Kapitalismus. In: Dörre, Klaus; Lessenich, Stephan; Rosa, Hartmut: Soziologie – Kapitalismus – Kritik. Eine Debatte. Suhrkamp, Frankfurt/Main, 21-86.

14 Hollender 2015, S. 92. Ähnlich in Acosta (2014); über eine kulturpolitische Wirtschaft siehe Sum und Jessop (2013).

15 Dietz, Kristina (2014), Nord-Süd-Dimensionen der Wachstumskritik, in: Redaktionsgruppe Degrowth (Hrsg.): Mehr oder weniger. Wachstumskritik von links. Rosa-Luxemburg-Stiftung, Berlin, S. 18-21.

16 Dietz, Kristina (2014), Nord-Süd-Dimensionen der Wachstumskritik, S. 19ff.

17 Grenzen, die auch prominent diskutiert werden, in Rockström, Johan (2009): A safe operating space for humanity, in: Nature (461), S. 472-475. Siehe auch Mahnkopf, Birgit (2013): Peak Everything-Peak Capitalism? Folgen der sozial-ökologischen Krise für die Dynamik des historischen Kapitalismus. Working Paper der DFG-Kol-

legforscherInnengruppe Postwachstumsgesellschaften, 02/2013, Jena.

18 Geden, Oliver; Beck, Silke (2014): Renegotiating the global climate stabilization target, in: Nature Climate Change (4), S. 747-748. Dietz, Kristina; Wissen, Markus (2009): Kapitalismus und natürliche Grenzen. Eine kritische Diskussion ökomarxistischer Zugänge zur ökologischen Krise, in: Prokla 159, S. 351-370.

19 Siehe dazu die Debatte um das »Ende des Zyklus« von Mezzadra, Sandro; Sztulwark, Diego (2015): Political Anatomy of the South American Conjuncture: Images of Development and New Social Conflict in the Present Period, in: Viewpoint Magazine, unter: https://viewpointmag.com/2015/08/06/political-anatomy-of-the-south-american-conjuncture-images-of-development-and-new-social-conflict-in-the-present-period/. Chodor, Tom (2015): Neoliberal hegemony and the Pink Tide in Latin America: breaking up with TINA? Palgrave Macmillan, London. Modonesi, Massimo (2016): The End of Progressive Hegemony and the Regressive Turn in Latin America: The End of a Cycle?, in: Viewpoint Magazine, unter: https://viewpointmag.com/2015/12/21/the-end-of-progressive-hegemony-and-the-regressive-turn-in-latin-america-the-end-of-a-cycle/. Siehe auch die Beiträge in Brand, Ulrich (Hrsg., 2016): Lateinamerikas Linke. Ende des progressiven Zyklus? Hamburg: VSA.

Über die Autoren

Alberto Acosta, ecuadorianischer Volkswirt, war als Präsident der verfassungsgebenden Versammlung Ecuadors maßgeblich an der Integration des »Buen Vivir« und und der Rechte der Natur in die Verfassung des Andenstaates beteiligt. Bis 2008 war er Minister für Energie und Bergbau Ecuadors, seit 1981 lehrt und forscht er als Universitätsprofessor in Ecuador und anderen Ländern. Er ist Mitglied der Permanenten Arbeitsgruppe »Alternativen zu Entwicklung«, die vom Quito-Büro der Rosa Luxemburg Stiftung koordiniert wird, und Autor zahlreicher Publikationen sowie Mitstreiter der sozialen Bewegungen in Ecuador und anderen Ländern.

Ulrich Brand ist Professor für Internationale Politik an der Universität Wien und kam jüngst mit dem Buch »Die Imperiale Lebensweise« (gemeinsam mit Markus Wissen) auf die SPIEGEL-Bestsellerliste. Er war Mitglied der Enquete-Kommission »Wachstum, Wohlstand, Lebensqualität« des Deutschen Bundestages (2011 bis 2013) und ist Mitherausgeber der »Blätter für deutsche und internationale Politik«. Er kooperiert mit dem DFG-Forschungskolleg Postwachstumsgesellschaften an der Universität Jena und ist Mitglied der Permanenten Arbeitsgruppe »Alternativen zu Entwicklung«, die vom Quito-Büro der Rosa Luxemburg Stiftung koordiniert wird.

Nachhaltigkeit bei oekom: Wir unternehmen was!

Die Publikationen des oekom verlags ermutigen zu nachhaltigerem Handeln – glaubwürdig und konsequent. Auch als Unternehmen sind wir Vorreiter: Ein umweltbewusster Büroalltag sowie umweltschonende Geschäftsreisen sind für uns ebenso selbstverständlich wie eine nachhaltige Ausstattung und Produktion unserer Publikationen.

Für den Druck unserer Bücher und Zeitschriften verwenden wir fast ausschließlich Recyclingpapiere, überwiegend mit dem Blauen Engel zertifiziert, und drucken wann immer möglich mineralölfrei und lösungsmittelreduziert. Unsere Druckereien und Dienstleister wählen wir im Hinblick auf ihr Umweltmanagement und möglichst kurze Transportwege aus. Dadurch liegen unsere CO_2-Emissionen um 25 Prozent unter denen vergleichbar großer Verlage. Unvermeidbare Emissionen kompensieren wir zudem durch Investitionen in ein Gold-Standard-Projekt zum Schutz des Klimas und zur Förderung der Artenvielfalt.

Als Ideengeber beteiligt sich oekom an zahlreichen Projekten, um in der Branche und darüber hinaus einen hohen ökologischen Standard zu verankern. Über unser Nachhaltigkeitsengagement berichten wir ausführlich im Deutschen Nachhaltigkeitskodex (www.deutscher-nachhaltigkeitskodex.de).

Schritt für Schritt folgen wir so den Ideen unserer Publikationen – für eine nachhaltigere Zukunft.

Jacob Radloff
Verleger

Dr. Christoph Hirsch
Leitung Buch